在引導孩子靜心的同時，
你自己也獲得了平靜放鬆的體驗。

CALM KIDS

Help Children Relax with Mindful Activities

孩子，我們一起靜心吧

蘿倫・莫瑞 *Lorraine E. Murray*——著 張佳棻——譯

BC1024

孩子，我們一起靜心吧

正念才能靜心，靜心才能專注，專注才能有效學習

Calm Kids: Help Children Relax with Mindful Activities

作　　者　蘿倫・莫瑞（Lorraine E. Murray）
譯　　者　張佳棻
責任編輯　田哲榮
協力編輯　劉芸蓁
封面設計　黃聖文
內頁構成　李秀菊
校　　對　蔡函廷

發 行 人　蘇拾平
總 編 輯　于芝峰
副總編輯　田哲榮
業務發行　王綬晨、邱紹溢
行銷企劃　陳詩婷
出　　版　橡實文化 ACORN Publishing
地址：臺北市10544松山區復興北路333號11樓之4
電話：02-2718-2001 傳真：02-2719-1308
網址：www.acornbooks.com.tw
E-mail：acorn@andbooks.com.tw
發　　行　大雁出版基地
地址：臺北市10544松山區復興北路333號11樓之4
電話：02-2718-2001 傳真：02-2718-1258
讀者傳真服務：02-2718-1258
讀者服務信箱：andbooks@andbooks.com.tw
劃撥帳號：19983379 戶名：大雁文化事業股份有限公司

印　　刷　中原造像股份有限公司
初版一刷　2015年2月
初版十刷　2021年10月
定　　價　350元
ISBN 978-986-5623-01-2

國家圖書館出版品預行編目資料

孩子，我們一起靜心吧：正念才能靜心，靜心才能專注，專注才能有效學習／蘿倫・莫瑞（Lorraine E. Murray）著；張佳棻譯. -- 初版. -- 臺北市：橡實文化出版：大雁文化發行, 2015.02
面；　公分
譯自：Calm kids : help children relax with mindful activities
ISBN 978-986-5623-01-2（平裝）
1.兒童教育　2.注意力　3.學習方法
523　　103026623

獻給世界上所有的孩子，願你們都能被引領至內心本有的寧靜。

目錄

28個靜心練習索引

【推薦序1】

自我安頓的能力，是給孩子最棒的禮物

華人正念減壓中心負責人、《正念療癒力》譯者　胡君梅

想想看，這輩子你可以送給孩子最珍貴的禮物是什麼？玩具、手機、電腦、汽車、房子、人脈、名聲、地位、學歷、才藝？那些你所送給孩子最珍貴的禮物，他可以用幾年？根據統計，在美國的樂透富翁，大約在五年內都會把錢花光。這些年擁有高學歷或才能出眾的人生勝利組，不論國內外似乎都問題頻傳。

想想看，你很想送、卻又送不出的禮物是什麼？也許是快樂，也許是幸福，也許是能勇敢也能溫柔的能力，也許是能堅持也能放下的能力，也許是能享受成就也能品嘗失敗的能力。這些，學校好像沒教，而我們可能連自己都不會。

因此，我好喜歡這本書的中文書名《孩子，我們一起靜心吧》。因為自己不

會的，肯定教不出來。如果要教孩子靜心，自己要先能靜心，或者至少要能「一起」，就當作一起玩玩看也行。書裡面有許多有趣的活動可以親子或師生共同嘗試，只是不用每一樣都試，因為那反而容易失焦。可以把這本書當成地圖，你不需要去地圖標示的每一個地方，只要去比較感興趣而且容易達到的地方就好了。

二〇一〇年的夏天，我因為赴美學習正念減壓（MBSR），兩個孩子便跟著我一起去到麻州大學醫學院正念中心（CFM）。當時，他們一個正要升國小四年級，一個才要升二年級。現在他們已經都是國中生了，進入了青少年的叛逆狂飆期。幸運的是，我先接觸到正念，在美國紮實的學習讓我清楚明白：正念是一種生活方式，而不是一種或一組技巧；正念是要從自己做起，而不是只用來要求或幫助他人。

因此在親子關係中，我得以時時刻刻練習和運用正念，讓我們的家庭關係與氛圍不停轉化，變得更柔軟、涵容、輕鬆和愉快，孩子們在學習上也能夠更自在、自主與自動。這當然不表示從此大家過著相安無事的日子，孩子們在國小高年級的某

些時期，都曾個別被老師歸類為頭痛分子，這對我們當然也是一大考驗

這些年的正念實踐，讓我學會不因擔憂未來而輕忽現在，不因過去的經驗而框限當下的可能。對孩子們而言，最開心的大概是媽媽抓狂的次數和頻率都大幅減少。如果你是個認真的家長或老師，一定會同意在這個年代，對孩子抓狂憤怒所能解決的事情實在少之又少，但破壞關係的速度實在快之又快。

有趣的是，我是直到最近才開始帶著孩子一起練習正念靜心。在這之前，我一直在練內功，不急於改變或幫助孩子。之所以會開始一起練習，起因是我發現九年級的孩子在面對百日後的會考，壓力大到睡不著。於是我開始每天晚上，陪他們靜坐五到十五分鐘。

靜坐的方法很簡單，先從覺察身體的感覺開始（也就是正念減壓課程中的身體掃描），然後進入覺察身體裡的呼吸。第一次練習後的隔天早上，他們倆都因睡得太沉而聽不到鬧鐘，以至於上學遲到。這是好現象，於是我們開始每天晚上都會小坐一下。同在的正念力量是很大的，幾天後孩子跟我分享，睡眠品質大幅提升，對

課業的得失心無形中也降低很多——縱然努力依舊。

這就是我想送給孩子的禮物：一種發自內在的力量，一種安頓自己的能力。

這些，本來就是在正念靜心的練習過程，自然會產生的現象，書中所描述的專注能力也是其中之一。我知道只要持續練習，更多有趣的驚奇正等著我們去發現，因為這些本來就是每個人與生俱來卻欠缺開發的能力。

靜心不是一件需要去「完成」的事情。靜心，是「同在」的狀態，而不是「行動」的狀態。我建議在學習的過程中不需要設定目標，能做多少就是多少，允許當下自由且自然地開展。如果忍不住還是很想設定目標，就只要為自己設定，而不需要為孩子設定。為孩子設定學習靜心的目標，很可能是痛苦與困惑的開端。溫柔地對待自己與孩子，是整個靜心學習的關鍵心法。

親愛的你，別急，靜心是一輩子的練習，也是一輩子的享受，只要先從自己做得到且阻力最小之處開始就可以了。祝福你，願你在這本書中找到適合自己與孩子的靜心之法。

【推薦序2】

讓孩子靜下心來，就是這麼簡單！

覺性地球協會會長、《超專注力》共同作者　龔玲慧

個人從事教育工作將近三十年，特別致力於培養兒童放鬆且專注的「超專注力」教學。看到《孩子，我們一起靜心吧》這本書，讓我萬分欣喜，表示培養兒童靜心的學習，日漸受到重視，並且開始發展出適合孩子學習的具體方法。

還記得二〇〇九年十一月，在我的生命導師洪啟嵩老師的指導下，我在哈佛醫學研究中心（Massachusetts General Hospital, MGH）進行了一項特別的實驗：「禪定及放鬆狀態下腦成像」。在那次由核磁共振（MRI）的發明人昆恩（Ken Kwong）博士親自主持的實驗中，我主動要求增加一項測試：掃描我放鬆的腦中的特定部位。實驗結果讓科學家們感到振奮且不可思議，居然有人能夠依心念指示，

放鬆腦中不同區域的特定部位！

其實，只要有正確的靜心方法，經過練習，這是每個人都可以做到的。

孩子的學習潛力是無窮的，透過正確的靜心引導，可以幫助孩子更有效的掌握自己的心、自己的身。本書作者基於她實際的教學經驗，發展出許多淺顯易懂的靜心方法，讓許多不可能成為可能，不僅讓一般的孩子靜心，更幫助過動兒、自閉兒、及亞斯伯格症的孩子找到身心的平衡。

今日，由於電子產品的普及，網路的發達，現在孩子的心普遍不夠安定，幫助孩子靜心、專注的方法，需求也越來越大。在書中，作者提到了一個她自己聽過、很有趣的比喻，來比擬訓練孩子學習靜心：就像秋天裡的一隻小狗，能夠靜靜地只是看著落葉，讓葉子隨風而去，而不分心地到處追逐它們。

作者將靜心的要訣用各種不同的方式，針對不同的年齡層，不同狀況的孩子，編寫了活潑又有效的方法，不僅孩子喜歡、青少年喜歡，連學步的孩子也可練習。

歷年來，個人應邀至美國、中國大陸教授兒少「超專注力」課程，今年也開始在台灣兒童學前教育發展的龍頭——信誼基金會，開始教授此課程。我發現，無論是在哪一個地區，經過短短時間的靜心，孩子們都能明顯感受到靜心前後的差別。

有的小朋友說，放鬆和沒有放鬆的腦，一邊像氣球輕飄飄的，另一邊像石頭重重的。有學習彈鋼琴而兩肩高聳的小朋友，感受到肩膀放鬆下來的舒暢。肩放下了，心開了，專注力也提升了，學業、技能突飛猛進，自然生起慈悲、喜樂的心，樂於幫助周遭的人。他們甚至回家教爸爸媽媽和學校的同學這套方法。「超專注力」教學能幫助孩子們觀察並管理他們的思想與情緒，進而幫助他們身心更平衡，更能面對並處理壓力。

記得在某次超專注力培訓課程中，有一位小朋友平時電玩不離手，上課時就像小猴子一樣動來動去，幾乎沒一刻停止，但在練習超專注力坐姿之後，我問他：「現在有什麼感覺？」他以很專注的眼神安定地說：「我現在一點也不想玩電動玩具了。」於是，我教他站起來，在沒有使用超專注力坐姿的情況下，隨意坐下。他坐下後，又恢復了躁動不安的情況，直說：「好想玩電動哦！」台下的家長和小朋友，都明顯的看到這種區別。可見，只要使用正確的方法，孩子的身心一定可以獲得良好的發展。

在某次親子「超專注力」課程結束時，一位從事教育工作的媽媽，很感慨地告訴我，她發現體制內提供孩子的課程，大都是知識性的課程。多年來她到處尋找，從未見過任何課程像「超專注力」課程，教導孩子如何掌握自己的心。

正如同作者所說，任何年齡的人都可以學靜心，而事實上，越小的孩子雖然持續力沒有大孩子或成人持久，但是效果有時反而更明顯。此外，作者也提到，教育是雙向道，教學相長，透過教學，孩子們會告訴我們如何教他們，每一個孩子都是獨立的個體，每一個孩子都有他們獨特的學習方式。

教養孩子，從「心」做起，才是最根本的方法。《孩子，我們一起靜心吧》是一本輕鬆易學又實用，很容易讓初學者上手的好書，同時更是家長和老師們的得力助手。很高興看到這本書的出版，也期待它能造福台灣的孩子及家長們！

做一年的打算，就如同種植稻穀；做十年的打算，就如同種植樹木；做一百年的打算，就如同教育孩子。（一年之計，莫如樹穀；十年之計，莫如樹木；百年之計，莫如樹人。）

——《管子・權修》

特此聲明：

作者蘿倫·莫瑞不具執業醫師資格，本書內容皆是根據她多年來與兒童實際互動的經驗而來，僅供作輔助之用，仍無法取代專業醫師的建議與診斷。如果您對孩子的健康狀況有所疑慮，請諮詢專科醫師的協助。

【作者序】

讓靜心為孩子的成年生活鋪路

我女兒今天第一次靜心就愛上了它，她不敢相信自己所看到的。雖然只有短短五分鐘，卻充滿驚奇。謝謝您的幫助。

——家長

哈囉，歡迎閱讀這本書。我希望此書能為孩子的生活、同時也為你的生活，帶來寧靜與和諧。

謝謝你寶貴的時間，我知道對於一個家長或者是一個教育工作者而言，時間總是不夠用！所以，我誠摯地謝謝你買下這本書，希望它能以一種正面、具有啟發性的方式，幫助你和孩子共享生命時光。

首先，我必須澄清，我尚未為人母親。然而，我當過阿姨、教母，也認識朋友生養的各個年齡層的孩子，這樣的角色讓我能夠用一種更全面的視野，來觀察人們與孩子的互動。我在靜心與療癒領域工作多年的經驗，讓我能夠在教學的過程中僅僅只是「看著」，而不加以批判。

很久以前，我就知道孩子是獨一無二的。每個孩子都是一個美好的個體，是一個會走路、會說話、會呼吸、會睡覺的能量組合。身為家長和老師，我們或許認為我們的責任在於教育。對大部分的孩子而言，教育也是一條單行道。不過，事實上，它是一條雙向道：孩子們學習，你也學習。有時候你們的課程輕鬆而美麗，有時候卻艱難又充滿挑戰。但是你與孩子的關係就像珍貴的寶石，它需要你的注意、關懷，以及一種同時運用愛心與智力的了解。這就是為什麼我覺得自己有必要寫下這一本書。

靜心對新生兒、過動兒、自閉兒、亞斯兒的影響

早在我創立成人靜心教育事業之前（那時我是一個芳療師，也開設一些治療與按摩的課程），就有了教導孩子靜心的念頭。有一次我出國度假，從加拿大返家以後，發現媒體對於兒童所承受的壓力誇誇其談，不管是來自霸凌的壓力、學習的壓力、或者只是一般的生活壓力。那時候我想：「如果可以教孩子用一些簡單的方法來處理壓力，像是靜心，豈不是很好？」我認為，靜心可以幫助孩子直接度過難關，這麼一來，他們到了成年，就不需要為了過一個平和的人生，再去揭開過往的「瘡疤」。

於是，我開始探索這樣的概念。我和許多成人一起工作過，但是對於如何和孩子互動則所知甚少。幸運的是，我遇見地方上一位相當激勵人心的小學校長，她也喜歡這樣的想法，還讓我在她們安靜的教室裡進行「放鬆與靜心」課程。如果你想知道，這所小學可是位於愛丁堡最有挑戰性、最難搞的社區之一。這裡的孩子是我

的起點，我永遠感激他們教我的事情。

我的工作帶領我到許多其他的學校，這些學校同時也邀請我與教職員工一起共事，教他們怎麼帶領孩子靜心。我甚至問朋友，能不能跟他們借一下小孩，跟這些孩子一起嘗試，看看某些概念可不可行，還有看看他們對於特定的技巧會有什麼反應。這些經驗幫助我建立起一套知識，讓我知道成人與兒童在靜心時，有哪些共同點和不同點。

根據我的發現，我錄製了一片靜心CD，並且得到很棒的回饋，這些回饋鼓勵我繼續下去。我也開始接到電話，要我教他們的孩子一些靜心的方法。我想了想，最後決定寫下這本書，把我所知道的訴諸文字，並且以一種實用的面貌呈現給你，希望你能受用。

除此之外，我仍然繼續開設成人靜心課程（以及其他附加的療程）。這段期間，我發現了成人在靜心上的進展過程。剛開始的時候，他們常常處於一種「失根」的狀態，好像沒有辦法穩穩的站在地上，或者會顯得坐立難安（詳見第82

頁「扎根的重要性」）。不過，通常等課程進行到第三週或第四週，他們就會安定下來，和大家分享靜心對生活所產生的正面效果：他們更能夠集中注意力來完成生活中的事務，他們有更多的能量，或者是在夜裡睡得更好。我不太記得過動症（ADHD）是怎麼進入我的工作中，但是它開始與我的工作產生關聯。在我的經驗裡，失根的許多「症狀」都和過動症孩子的行為類似。一些家有過動兒的客戶主動向我提供協助，於是我決定進一步探索這個主題。

這樣的探索又將我帶往自閉症。自閉症是一個充滿了各種說法的巨大領域！我承認我無法概括各個面向，但是我遇到許多家長，他們正在和孩子的自閉症纏鬥，所以我也進入了這個領域的探索與研究。我曾經聽過榮恩・考夫曼（Raun Kaufman）的演說，他的父母是「愛萌計畫」（Son-Rise Program）的創辦人，這個計畫為自閉兒及自閉兒的家長，提供了與自閉症相關的治療以及教育方案。榮恩在幼時被診斷出患有自閉症，然而，他的父母在一九七四年啟動的這個計畫，有效地幫助他從自閉症走了出來。他的演講非常動人。從靜心的角度來看，他的演說和我產生了共鳴，讓我相信靜心與正念活動能夠在自閉兒與自閉兒家庭的照護上，發揮作用。在這本書裡，我分享了一些和榮恩·考夫曼的演說類似的概念，其中有一些是和罹患亞斯柏格症候群（Asperger syndrome）的孩子實際試驗過的。

這本書所做的研究並不是最後的結論，也不應該是，因為我知道不可能有「一碼通吃」的解決方法。就像我說的，所有的孩子都是獨特的，自閉症的孩子更是如此！他們帶著一件美麗的禮物來到這個世界，我希望靜心會成為一把鑰匙，幫助你打開這個禮物，顯現孩子真正的潛力，以及你自己的潛力。

踏上你和孩子的靜心之旅

最後，我在書中附上了一些給家有嬰幼兒父母的相關資訊。最初我跟孩子互動的時候，我覺得在教孩子靜心之前，應該要讓他們先有一些概念，但是沒多久，我就改變了想法。說真的，和嬰兒靜心，不如說是讓新生兒的父母靜心。對相關的人士來說，這是一段壓力非常大的時期，而靜心可以讓新手父母平靜下來，父母平靜下來後，嬰兒也會感受到靜心的影響。至少，當其他方法都不管用時，父母可以試試看這個新的方法。

和大孩子的靜心比起來，幼兒的正念遊戲充滿了趣味與活力，讓他們在遊戲中慢慢地安靜下來，可以作為幫助孩子入睡的一個步驟。通常我會帶領二到三歲之間的孩子做這樣的靜心，不過請記得，每個孩子的發展都不一樣，所以挑選你覺得適合你孩子的方法就可以了。

對我來說，重要的是，我希望這本書很實用，無論你的能力如何都能上手。即使你才剛接觸靜心，也能找到一些簡單的方法試試看，而不需要有任何經驗。如果你是資深的靜心者，希望你也會喜歡這本書。

金．麥克曼努斯（Kim McManus）是我的啟蒙老師之一，他讓我明白靜心是一個實用的生活工具，能夠給你力量，讓你對自己、對世界、以及對你所處的位置，產生一種正面的覺知。

如果說有什麼重點，我會說，靜心是一趟個人的旅程。不論年齡、背景與經驗，我們應該讓彼此（以及我們的孩子）放手去進行探索。請不要因為你覺得某些想法很好，就強迫對方做這些事情。雖然創造一些結構與規則是有幫助的，但就像這本書所提供的，沒有人喜歡被拖著去做一些他們不喜歡做的事情。鼓勵孩子，幫助你的孩子在這些技巧裡做選擇，看看哪個方法可以讓孩子變得更穩定、更快樂、更寧靜。我在這本書裡提供各式各樣的技巧，這樣你才能夠開始。面對這麼多的選擇，你可以自己調整一下，使這些方法適合你的需求。

最後，我們都是這條學習道路上的旅行者，請記得，終點不是目標。靜心的「目標」在於覺知你所踏出的每一個腳步，學習如實地接受它，它是一個成長的機會。我還在學習，希望你也是。

第一章 什麼是靜心？

每當我兩歲的兒子無法處理情緒或是過度興奮時，我就要他試著深呼吸。我給了他一個額外的視覺引導，要他在我頭髮上吐氣，吹動我的頭髮，這樣，他就可以知道他正在深深的吸氣或吐氣。在他做完之後，我也用同樣的方式在他頭髮上吐氣。這似乎讓他放慢了下來，他露出笑容，並且從這樣簡單的反應中，知道自己該怎麼做。

——家長

關於「靜心」的看法，眾說紛紜。有些人把這個字當成「放鬆」或是「壓力管理」的同義詞。當我第一次接觸靜心時，對它沒有任何概念或期待。也許你跟我一樣，或者你在上瑜伽課時已經有過一些靜心的嘗試。

對我來說，靜心很簡單，靜心就是活在當下。在當下的那個片刻，一定程度的覺知，讓我可以把注意力集中在生活經驗本身，因而能夠釋放由思緒與情緒累積而成的內在壓力。對我而言，靜心就是把注意力放在「此時此地」，僅僅只是享受身體的感覺或是呼吸；或者也可以經由引導，透過視覺的意象或是其他的內在感官，開啟一趟寧靜的旅程。

成年人通常會花很多時間分析與批判生活（以及他們自己），而不是簡單地活在當下。因此，教孩子靜心有時比教大人靜心來得容易。孩子的心智更加的開放，一般而言，他們在靜心時比較不容易被理性妨礙。不過，我接下來會給你一些解釋，讓你邏輯性的頭腦去適應這個我們稱之為靜心的「非邏輯」經驗。

靜心的科學根據

在日常生活中，我們（小孩和大人）都經驗過不同程度的意識狀態——睡眠、完全清醒、半夢半醒、或是做白日夢。

不過，你知道腦電波的頻率會隨著我們的意識狀態而改變嗎？科學家用腦電波儀（EEG, electroencephalography）測量腦波在各種意識狀態的頻率，測量的單位稱為赫茲（hertz，即每秒的波數）。

完全清醒

當孩子處於完全清醒的狀態，他們的腦波頻率通常落在十五到三十赫茲，科學家稱這種狀態為Beta波狀態（Beta state）。孩子們在這種狀態下進行大部分的日常活動，如玩遊戲、寫功課、講話等等。當我們意識到外在世界的時候，譬如閱讀這本書，都處在這個狀態中。

做白日夢

接著是Alpha波狀態（Alpha state）。從靜心的觀點來看，在孩子的內在滋養這種狀態，是非常有益的。當孩子的腦波落在九至十四赫茲，就處於Alpha波狀態。這時候，他們不必透過「思考與分析」就能察覺周圍的環境，並且能夠單純地享受、安住於當下的經驗。這就像是我們要入睡前躺在床上的情況，待在床上感受到溫暖、舒適、輕鬆，讓我們覺得既安全又舒服。或是當我們徜徉在大自然裡，也許是日落或是寧靜的森林，我們完全被周圍的美景吸引，因而忘卻了平日紛紛擾擾的念頭。

在靜心當中，我們鼓勵孩子去體驗Alpha波的意識狀態。成人的初學者透過練習，也能夠達到這個狀態。

半夢半醒

在Alpha波之後，是更深一層的覺知狀態，稱之為Theta波狀態（Theta state），頻率在四至八赫茲之間。在這個狀態下，「思想」不見了。我們或多或少對於這樣的狀態都有一些體驗，它是一種更深層的意識狀態，和睡眠與做夢相關。透過練習，我們都能達到這樣的腦波狀態；不過這個狀態更適合成人，因為成人的腦神經發育得比較完全。有些資深的靜心者會帶著一個問題進入這個狀態，尋求解答。要在靜心中進入這樣的狀態，需要經過練習；不過當我們進入深層的睡眠時，都會短暫地經驗這個狀態。

在Theta波狀態，我們依然有可能被環境中的聲響或噪音吵醒，或是「拉回來」。這也許就是許多新手父母的狀態，在嬰兒剛出生的那六個月，他們總是被嬰兒的哭聲喚醒。這個狀態有時也被稱為「做夢的狀態」，這個時候，夢境顯得相當活躍。我認為Theta波是最終睡眠狀態（也就是Delta波狀態）的前導。

深層睡眠

Delta波狀態（Delta state）是深層的睡眠狀態，在這個狀態中，大腦活動的頻率很微弱，只有一至三赫茲。我們身體的細胞在這個時候會進入修復模式，身體自行「療癒」，重新歸於平衡。無夢睡眠就是在此狀態中發生。

回歸內在平衡的途徑

近年來，我發現一般人對靜心的興趣有日漸增加的趨勢，不管那是基於一種靈性的追求，或是把它當作一種減壓的技巧。不過，靜心並非是一種新的「潮流」，在某些文化裡，它可以追溯到好幾千年以前，只是在西方，靜心看起來像是新的。許多靜心練習和宗教或精神信仰仍然息息相關，在西方，我們練習正念的靜心技巧則是著眼於它對健康的好處。

我想你買了這本書，主要是希望能夠讓你的孩子安靜下來。雖然如此，想想看，幫助孩子靜心，等於是給你自己一些平靜的空間，也給你一個機會，讓你與孩子用一種「活在當下」的方式建立連結。

以我的經驗來看，不管你對靜心的興趣來自哪些邏輯性的原因，我們每個人內心深處總是有一些靈性的部分，驅使我們找尋平衡與寧靜，而這也是靜心能夠幫助我們的。如果你知道如何靜心，但是沒有規律的練習，那麼，這本書會協助你和你的孩子製造一些機會。

使孩子（以及我們）走向平衡與寧靜的「內在驅力」，就好像他們身上的療癒力。如果孩子不小心割到手，用不著告訴他們的身體要凝血、要結痂、要輸送細胞去對抗發炎。身體自然知道該怎麼做，並且盡其所能地回復平衡。就像傷口會自己癒合一樣，當孩子靜心時，他們會幫助自己在心智上、情感上、還有精神上，回復到平衡狀態。

第二章 認識壓力

生氣一分鐘，就等於失去了六十秒的歡樂。

——愛默生（Ralph Waldo Emerson）

什麼是壓力？

長久以來，「壓力」這個字被過度使用，但是許多人仍不明白，壓力對他們的身心健康與生存有多麼重要。沒有壓力，我們活不下去，就是這麼簡單！我們把短暫的壓力爆發稱為「壓力反應」，「戰鬥或逃跑」症候群（flight or fight syndrome）則是另一種更常見的說法。只要我們還在呼吸，有這種反應是很自然的。如果沒有壓力，我們的身體就不能對危險做出反應，像是逃跑或還擊，不管哪一種，都需要讓肌肉緊繃起來，使心跳加速，還有讓體液循環導向必要的身體部位。

在回應壓力時，有許多自動化的身體過程「隱藏在幕後」：我們的腎上腺開始分泌腎上腺素，還有其他的賀爾蒙與化學物質，像是皮質醇，幫助我們對壓力源做出回應；我們的血管會變窄，皮膚會冒汗，以幫助調節身體的溫度；甚至在這時候，指甲與頭髮都會停止生長，因為面對壓力時，它們沒有太大幫助。

這樣的反應，稱為「急性壓力」反應。當壓力源不再時，身體就會回到正常模式。這樣的反應使得人類可以存活，在這些狀況下，壓力是好的。

不過，壓力還有一些其他的面向。首先，如果壓力源一直沒有消失，身體就會一直維持壓力反應，最後就沒有辦法恢復正常。簡單來說，如果我們的肌肉持續緊繃而且無法放鬆下來，圍繞在肌肉周圍的體液循環就沒有辦法代謝毒素，也沒辦法有效率地為細胞供給氧氣，這麼一來，我們可能會感覺到累積起來的緊張，最後形成慢性疼痛。其次，也許我們所感覺到的威脅並不是真實的。換句話說，我們也許覺得某個人或某種情況對我們造成威脅，但那並不是真的。如果我們和一隻劍齒虎面對面，那麼威脅的確存在；如果我們必須面對一個恃強欺弱的同事，或是一段痛苦的婚姻，威脅也是貨真價實的。然而，還有另一種壓力反應的典型狀況，特別是當我們面對新挑戰時，也許是要開始一份新的工作，或者是第一次為人父母，這種情況下，「威脅」來自於我們對事情的認知，以及自己給自己的壓力。

我和許多父母一起工作過，發現他們想要成為「好父母」的壓力，常常不是來自外在，而是來自他們的內在小劇場。他們透過別人的眼光在「看見」自己，而沒有如實地看見自己——一對將會犯錯、也將會學習的新手父母。即便是對於已經生養了好幾個孩子的父母來說，養兒育女的經驗仍是一個持續的學習曲線，因為每個孩子都是獨特的。

我做了一個簡單的表格，列出各種壓力反應，以及短期壓力與長期壓力可能造成的效應。

壓力反應摘要表

急性壓力反應	慢性壓力反應	採取行動減壓後的反應
肌肉緊繃（四肢、太陽神經叢）	無法放鬆，肌肉疼痛	肌肉開始放鬆，釋放緊張
消化系統的血液供給轉向別處	消化問題，如便秘、腹瀉	血流供應增加。在靜心的時候，常會聽見「肚子的咕嚕聲」
皮膚的血液供給轉向別處	皮膚蒼白，皮膚病	皮膚問題改善
血糖（能量）上升	過度刺激體內血糖，如睡眠問題，可能導致糖尿病或能量波動（像是慢性疲勞）	能量水平趨於平衡，改善睡眠品質
心跳加快	心臟過度負荷，心臟病	心跳回歸正常頻率
血壓上升，血管收縮幫助血液流向全身	潛在的高血壓	血壓趨於穩定
冒汗	經常性的體溫波動	體溫恢復正常
血液中皮質醇增加	皮質醇過量，容易哭泣、情緒化	情緒比較平衡
呼吸急促，需要吸入更多氧氣	呼吸問題，容易焦慮	呼吸變得比較穩定和放鬆

*請注意，這是簡化的說明，而不是醫療診斷。

了解自己的壓力指數，才能幫助孩子靜心

好消息是，即使我們已經到了慢性壓力的程度，還是可以透過放鬆、靜心與正念的練習，來逆轉身上的壓力症狀。雖然你買這本書是為了幫助你的孩子，對你來說，這也是你認識自己壓力指數的好機會。我在寫書的時候，就發現和孩子一起靜心就好比「雞生蛋、蛋生雞」的情況。當你幫助孩子靜心，你也會察覺到自己的壓力，然後學著放鬆與順其自然。你越知道如何放鬆與保持平靜，就越能給你的孩子正面的影響。許多家長信誓旦旦地說，他們的孩子就像一面鏡子，反射了父母的心智與能量狀況，尤其是當父母壓力很大的時候。

也許你並不覺得自己有壓力。有時候要承認壓力不太容易，因為社會鼓勵我們要堅強，不管我們正遭逢什麼樣的變局，像是搬家、換工作、經濟問題、恐怖攻擊、房屋裝修、親友死亡的悲傷、或者是長期的疾病。大部分的人活著，但是腦中充滿了煩惱或是持續的焦慮感，長此以往，慢慢地就陷入長期壓力中，而除非症

狀變得極為嚴重，否則我們不會注意自己的健康。我不是說我們能夠避免這些變化（感知上的威脅），因為這就是人生！不過藉由靜心練習，你可以找到方法改變你對世界的看法。這是從我個人的經驗來說的：我認為，靜心是一個絕妙的工具，它能幫助你以一種更寬廣的視角，以一種不同的、正面的眼光看待世界，進而減低長期壓力所造成的不良後果。

正視孩子的壓力和情緒反應

我喜歡老師對我好，這讓我的腦袋很快樂。

——希耶娜，五歲

有時候，大人不明白孩子也有壓力。我們對於自己的童年時光都有一種玫瑰色的回憶，那時生活簡單得多。在今日世界，我們的孩子每天都被高壓的銷售競爭轟炸，鼓勵他們快點長大，或者是去欲求他們其實不太需要的商品。此外，電玩遊戲或許也潛在地扭曲了他們對真實的覺察。

還有學校壓力、考試壓力、同儕壓力。此外，孩子還能感覺父母（或是周遭其他大人）的壓力，也會學著去應付（或是不應付）這樣的壓力。你可能以為，孩子感覺不到你的壓力，或者聽不懂你跟朋友抱怨像是金錢問題時說的話；然而，他們可以從你講話的語氣，感受到你的壓力。孩子除了要去經驗他們自身生命裡的許多挑戰，感覺你的壓力是孩子身上一個額外的負擔。

下面，是一些孩子可能感覺到或經驗到的感知上的威脅。

兒童或青少年常經歷的感知威脅：

- 聽見父母爭吵
- 和朋友吵架
- 被霸凌

- 功課寫不完
- 聽見大人談論金錢問題
- 看新聞
- 沒有最流行的玩具、衣服或是其他小玩意
- 睡不著
- 怕黑
- 手足競爭
- 被遺棄感，譬如害怕父母出事
- 家長吸毒或酗酒
- 沒有玩伴

和成人相比，孩子無法辨認壓力，也不知道要怎麼面對或處理壓力。他們通常沒有機會或字彙來表達他們的感覺。我想，如果我們不開始給孩子一些工具，幫助

他們辨識、表達、以及處理這些思緒，那麼，我們的下一代將會有更多憤怒的、受挫的人。靜心與正念能幫助孩子去察覺他們的感覺，安全地處理情緒，然後將之釋放。這樣一來，情緒就不會累積在心裡，變成一個纏繞終生的「情緒炸彈」。

第三章 孩子靜心的益處

我和女兒進行了一次引導式靜心，希望可以幫助她入睡。（我知道靜心不是「為了」助眠，不過在她沒辦法進入夢鄉時，靜心可以讓她平靜下來。）我不知道這對別人有沒有用，不過它的確幫了我女兒一個大忙！

——家長

我十一歲的兒子在學校過得並不開心。不過開始靜心以後，他突然覺得一切都變得容易了。我希望每個孩子都可以試試看！

——家長

就短期或長期而言，幫助孩子靜心的好處是顯而易見的。稍早，我討論過我們意識裡不同程度的覺知狀態——Alpha波和Theta波狀態，它們是靜心的一大關鍵（見第34頁）。這兩種知覺狀態各有各的好處，不過我建議你和孩子一起實作時，先專注在Alpha波狀態。對所有人來說，包括孩子在內，Alpha波狀態是比較容易上手的，因此可以把它納入我們的日常靜心。

透過靜心來練習Alpha波狀態，鼓勵孩子以一種「放鬆卻警覺」的方式，運用他們的想像力，或是透過他們的感官來探索世界，可以幫助孩子培養注意力，減少他們因為思緒或是環境造成的分心。這也能收攝他們四處飄蕩的心智，在睡前把這一天的糾結都解開，能夠好好入睡。教導孩子進入這樣的意識狀態，等於給了他們一個強而有力的工具，讓他們能夠面對生活與壓力。

改善睡眠品質

這個好處不只你的孩子受用，你也會受益無窮！靜心與正念，訓練心智與身體持續地回到Alpha波狀態，進而增進睡眠的長度與品質。在我們的課堂上，學員常常分享在練習靜心之後，他們睡得更深也更久了。

對比較小的孩子（六歲以下），可以將一些簡單的放鬆技巧加入他們原有的睡前儀式中，幫助他們進入深層的睡眠（見第94頁、第214頁）。通常我會建議，如果你想利用靜心直接改善睡眠，最好是孩子躺在床上時和他們一起進行。這就好像是跟他們說一個睡前故事一樣，幫助他們運用想像力以及腦部的特定區域，讓他們關機，然後進入Alpha波狀態。

釋放負面情緒

學習靜心能幫助孩子面對挑戰，鼓勵他們的心智發展出一種正向的經驗過濾機制，用正向的觀點來感知世界。靜心教孩子如何扎根，釋放負面的思想與處理負面的情緒，而不被一成不變的生活，像是考試或是學習，壓得喘不過氣。

過去，我在愛丁堡的梅姬癌症照護中心（Maggie's Cancer Caring Centers）工作，帶領靜心與壓力管理課程。那時我聽到一個譬喻，很能說明靜心是如何支持心智與情緒：

> 想像秋天裡的一隻小狗……牠看見落葉因風四散，就想去追逐落葉。主人想要訓練小狗，希望小狗能夠只是看著落葉而不去追逐它們。經過訓練後，小狗就只是看著葉子，讓葉子隨風而去。

學習靜心就好像這個比喻一樣。把孩子的心智想成是小狗，思想與情緒就像是落葉，而狗主人就是孩子。靜心教孩子怎麼觀察他們的思想與情緒，但是不迷失在其中，也不被牽著鼻子走。

經常練習靜心，能夠幫助孩子管理他們的思想與情緒，賦予他們一種積極面對生活的潛力。靜心教孩子如何退一步，用不同的角度來看待經驗——一種沒有被思想或是情緒過度消耗的觀點。這是一個非常強而有力的方法，讓人能夠客觀地感知生活。透過練習，漸漸地，你的孩子使能在**任何時刻**與**任何情境**下，讓這種意識狀態與心智的強度，為他們的感覺方式帶來正面的影響。孩子會知道該如何保持平靜、專注、扎根與客觀，避免重複一些負面的經驗。或者，如果他們在面對挑戰時，有些游移不定或是強烈的反應，靜心也能夠讓他們反芻這個經驗並且從中學習，之後如果再遇到類似的狀況，他們便能做出適當的抉擇。這不只是理論，而是我的親身經歷。以前當我面對挑戰、或是有人踩到我的底線時，我就覺得憤怒、受傷或是焦慮。透過靜心，我學會在類似的情況中保持冷靜、扎根、堅強；或是從經驗中學習，看看未來如果遇到這種情況，我能夠怎麼反應。

建立自尊

另一個孩子會面對的問題，就是缺乏自尊。自尊來自於孩子對自己是誰、自己的處境、自己在這個世界上的目的之認知。自尊是由孩子的經驗（正面的或負面的）所建構的，如此，他們才能學習與成長。自尊來自於學習一個人所說的話、所做的事、所處的狀態都有一個後果，並且以之與世界產生關聯。自尊來自於孩子知道，不管外在發生了什麼事，他們都可以選擇自己的內在反應。當孩子靜心，他們就會開始察覺這些選擇與反應。這樣的覺知是他們自尊與精神力量的基礎，幫助他們了解自己在世界上的處境與真實的自我。這個強力的基礎，能夠幫助孩子度過人生。除了這個，我們還能給孩子什麼更好的禮物呢？

練習放鬆

學習靜心最重要的第一步，就是練習如何放鬆。放鬆是幫助你的孩子（還有你）通往靜心的一小步。放鬆幫忙鬆開身體、心智與情緒，並且為孩子練習正念做好準備。在我看來，教孩子放鬆比教大人來得容易，因為大人常常被邏輯性的頭腦妨礙。你可能會發現孩子常常過度興奮或是充滿活力，所以即便你不打算帶孩子更進一步，在你們倆都準備好靜心之前，就算只是一再地進行放鬆練習，也是相當值得的。不要小看這重要的第一步，孩子越是能練習放鬆、順其自然，就越容易進入靜心。

放鬆也是一個絕佳的入眠方法，你可能會發現哄孩子上床睡覺時，你使用的正是放鬆的技巧。不過，當我講到放鬆時，通常不是指筋疲力竭地躺在地上，然後睡著。我指的是一種當你清醒的時候，還能放鬆與順其自然的能力；一種當你的孩子吃晚餐、和你談話、塗鴉或畫畫、在花園玩耍、或是幫你一起準備晚餐時，還能放鬆與保持覺察的能力。

因為你要帶著孩子靜心，所以對你來說，放鬆與覺察也是關鍵的一步。如果你太過緊繃或是壓力很大，你的孩子就會沒辦法放鬆。所以，當你帶著孩子放鬆時，也要聽從指示，然後跟著做。當你坐在電腦前面、在車陣當中、等著過馬路、晾衣服、做晚餐的時候，都可以練習一邊放鬆，同時保持警覺。我稱此過程為保持「自我覺察」（見第154頁）。

你可能會覺得孩子沒有辦法這樣就放鬆，或是相反的，你覺得這應該很容易！每個孩子都不一樣，有些孩子比其他孩子更容易放鬆。要記住，他們是活生生的、正在呼吸的人類，他們的情緒、思想與身體的能量，每一天、每一個片刻都在改變。對你來說也是一樣，有時候放鬆很容易，有時候卻很艱難。先不要在意結果，就只是去試試看（不管你或你的孩子感覺如何），這是很重要的。先放下批判與負面的思想，不要讓它們妨礙你，放鬆與靜心需要持續和溫和的練習。「學習放鬆」就像運動前的暖身，讓它幫助你進入下一步。

恢復能量的平衡

放鬆的過程幫助我們鬆開身體，以及釋放潛藏的壓力。你可能不知道，我們的身體、情緒、思想是息息相關的，所以，「簡單地放鬆」，事實上意味著更多的東西——放鬆讓身體釋放緊張，讓情緒與思想恢復平衡。舉例來說，當孩子的身體放鬆了，肌肉就會開始釋放壓力，血液循環也會改善，這樣，血液就會攜帶更多的氧氣進入細胞，同時排除毒素。當細胞充滿更多氧氣，孩子就有更多的能量，他們會覺得煥然一新，恢復平衡，同時充滿覺知。孩子可能會察覺他們這個片刻的情緒與想法，不過每當一個新的情緒或想法浮現，也要學著「讓它去」，這麼做便是主動地將能量帶入平衡狀態。

當孩子放鬆了，血液的循環也會更有效率地導向不同的部位，像是消化系統。當我帶領靜心課程時，常常會在開始放鬆時聽見學員肚子的咕嚕聲，這通常是一個指標（如果不是因為肚子餓的話），表示學員的身體變得放鬆、恢復平衡，並且開始釋放當日累積在消化器官裡的緊張。

增進專注力

在練習、享受放鬆之後，孩子還可以學習集中注意力，並且從中獲得好處。這本書裡的技巧，會幫助孩子將心智聚焦在一個客體上，這個客體可以是他們的呼吸，或是一個具體的物件（像是一顆石頭）、一個字、一趟透過引導的想像之旅，或者使用五個感官的其中之一。練習集中注意力能讓孩子的心智不會四處飛奔，或是輕易分心，如此一來，他們可以更容易地完成生活中的任務。當孩子透過靜心開始察覺自己的思緒，我們就能透過一些溫和的方法，讓他們的心智重新聚焦。我的學生常常在第三次或第四次靜心課程之後，跟我說，他們覺得更「扎根」、更「專注」了。

溫柔地鼓勵心智變得更堅強、更專注，對學習來說是很重要的。透過靜心，你還能幫助孩子去挖掘他們自己的創造力和想像力，往後當他們面對生活中的問題與挑戰時，便能夠自己找到解決的方法。

用正向的觀點來感知世界

思緒會影響我們的生理健康，所以當孩子擔心某些事情時，他們的身體也會受到影響，最典型的症狀就是肚子不舒服。為了改變我們思考的方式（例如，停止煩惱），我們必須先意識到問題：首先，我們必須變得覺知，**然後**再去選擇不同的想法。唯有透過覺知，我們才有可能選擇改變。

請記住，孩子受到的影響除了來自他們自身的體驗，也來自他們所處的環境。所以，負面思考：「世界是一個可怕的、困難的地方」（杯子有一半是空的），或是正面思考：「世界是一個可愛的地方，生命真美好」（杯子有一半是滿的），都會對他們生存在這個世界上的感覺與行為產生影響。讓我舉個例子來說明我們的身體與思想如何關聯，以及靜心如何幫助孩子處理情緒，並且改變孩子的思考方式：

你坐下來和孩子一起靜心，孩子覺得自己的肩膀很痠。你開始使用放鬆技巧，不過卻發現孩子感覺到肩膀更加的緊繃與痠痛。當你鼓勵孩子專注在那個部位，然後問他有什麼感覺，他說有些煩躁。你要他專注在這樣的感覺，然後看看是不是有些想法浮上心頭：是不是有人說了什麼話、或做了什麼事，讓他感到不舒服。他持續把注意力放在身體的這個部位，以及相關的感覺上。當他注意到其中的負面情緒，你就引導他隨著每次的呼氣將負面情緒釋放出去。也許，你可以要他在吸氣時，選擇一個正面的想法，然後持續地在呼氣時把負面想法丟出去。當他開始這樣做，肩膀的壓力就減輕了。

教孩子這個方法，就是給他們一種主動改變思想與情緒的能力，進而改變生活與抉擇的品質。這能創造出一個正面的行為迴圈，為將來的選擇與反應鋪路。多麼強而有力啊！

也許，你寧願你的孩子不要去意識到他們的腦袋有多忙碌，或是有多少負面想法，僅僅只要斷絕這些思緒，然後找到一些和平與寧靜就好！壓抑煩惱就短期來看或許有用，不過長期來說，靜心的益處是能夠讓孩子透過覺知而改變，透過正念的活動來達到內在的定靜。

第四章 創造一個放鬆的靜心環境

我對我七歲的孩子進行了引導式靜心。我喜歡幫助孩子自由的成長，讓他可以勇敢追求他想要的東西。其中最重要的，就是自尊、快樂與愛。

——家長

我們可以運用感官來創造靜心的環境，就像給孩子一個訊號，讓他們知道現在是靜心與放鬆的時間，幫助他們轉換至進入放鬆的狀態。

下面有一些小技巧，告訴你怎麼創造一個理想的環境。這些小技巧能在孩子放鬆的過程中支持孩子，也能幫助你進行一節五到二十分鐘的靜心。不過，這些技巧不太適用於很短的練習，像是一分鐘的呼吸專注力練習，或是運用日常活動或例行公事來促進專注力的練習，譬如梳頭髮或刷牙。

下面幾個小節，提供了一些建議供你參考。不過，如果創造一個正確的環境對你來說不太容易，也不要讓這件事情把你嚇跑。簡單地選一個適合的技巧，然後開始練習吧。靜心裡頭只有經驗，沒有對錯。

不被打擾的角落

關掉手機是很重要的。甚至不要使用靜音或是振動模式，有些系統的擴音器會接收訊號，然後嗡嗡叫，真的很讓人分心！可以的話，就在一個沒有電話的房間裡靜心。如果家裡有其他人，請他們安靜一下。請他們關掉電視，甚至在門口貼一個「噓！我們在靜心」的標示。你可以讓孩子幫忙設計、製作這個標示。

運用視覺

在靜心與放鬆時，最好使用暗一點的燈光（不過不要全暗）。首先，在進行正念活動時，你可能會想要觀察孩子。另外，有些孩子怕黑。我會建議放下窗簾，或運用一、兩盞小檯燈（如果沒有安全疑慮，也可以用蠟燭）來創造出柔和、放鬆的光線。

在我工作的其中一所學校，帶領靜心時，我會使用火山形的裝飾燈與天花板的投射燈。你可能會覺得反正孩子的眼睛都要閉起來，燈光不是很重要，其實不然。我們張開眼睛時都在蒐集關於這個世界的資訊，所以當我們準備開始放鬆與靜心，一個感覺起來輕鬆的環境是很有幫助的。你可以邀請孩子一同打造一個屬於他自己的靜心空間，比如說在房間裡的一處角落。如果你在白天教孩子靜心，而且是一個大晴天（我要在這裡自我矛盾一下），從窗戶灑落的陽光也能創造一種不同的、令人愉悅的感覺。

記得，有些時候也可以在戶外靜心。重點僅僅在於，選擇一個你與孩子都覺得舒服的環境。

運用聽覺

我們並不住在真空裡，所以不管走到哪裡，都要學著與各種噪音共處。我們可以利用噪音來幫助靜心，而不是妨礙靜心。

聲音真的可以成為靜心的一部分。試試看，要孩子去注意周遭的聲音，他們可能從來都沒留意過。這是一個很棒的靜心練習，除了能幫助孩子活在當下，也能讓孩子集中注意力、專心與覺察。

也有些特定的靜心仰賴寂靜或是大自然的聲響，像是戶外靜心。你可以在靜心中使用大自然的聲音，甚至是街上車輛交通的聲音，引導孩子進入他的聽覺，並且去察覺過程中是不是有某些比較安靜的片刻（詳見第128頁）。

有時候，我會在靜心時使用藏傳佛教的手搖鈴，或是頌缽。我會在靜心開始時搖動三次，讓孩子注意，知道靜心開始了；結束時再搖動三次，幫助孩子回到一個比較警醒的狀態。如果你有一些輕音樂，也可以播放出來當作背景音。讓這些音樂專屬於靜心，所以當孩子聽見音樂時，就可以知道現在是不是靜心時間。確定音樂的音量不會太大，讓你不用提高音量對孩子講話或是用吼的，否則就違背靜心的初衷了。

我對靜心的音樂很挑剔。通常，如果我找到一個喜歡的作曲家，我會買下他全部的專輯，因為它們將會適合靜心的體驗。音樂品味是非常個人的，如果你不知道要挑什麼音樂，安安靜靜的靜心也可以；或者，你也可以要孩子從一些比較舒緩的音樂中，選擇他自己喜歡的。

音樂也會影響你希望創造出來的氛圍。如果你想要創造一個比較輕盈的氣氛，舉例來說，如果你的孩子覺得沮喪，就使用一些輕音樂，像是豎琴或鋼琴演奏；如果你想要安撫一個過度興奮的孩子，使用有著慢節奏鼓點的音樂會有幫助。運用你的常識，另外，我在書末「附錄」的部分列了一張音樂選單，並且盡可能指出我在什麼時候會使用哪些音樂來創造不同的經驗（詳見314頁）。古典樂，如果它是放鬆的、不刺激的，也是一個選項。你可以在靜心的過程中都播放音樂，或是只放一會兒。沒有聲音也會讓人覺得很放鬆。

在和自閉兒一起靜心時，我發現到，頌缽的錄音能夠很有效地讓他們覺得平靜。頌缽不同的音調有著不同的振動，能和孩子的能量共鳴，在某些狀況下會讓他們變得更安靜。需要安撫孩子的時候，把頌缽當作背景音樂來播放，是非常有療癒效果的。你也可以試試看，和一般的孩子使用這種類型的聲音（其他建議詳見314頁）。

帶領青少年靜心，我發現有時候最好不要使用音樂。音樂對這個年齡層的孩子是非常個人化的，他們對任何和他們喜好的音樂「情境」不相符的音樂，常常充滿了批判性。與其多給他們一個分心的因素，像是「這首曲子跟垃圾沒兩樣」，我會避免播放音樂，反而間斷地使用頌缽。

運用味覺

身為一個訓練有素的芳療師，我知道哪些香味可以影響神經系統，並且讓人放鬆。然而，孩子的呼吸系統還在發育，所以，重點在於怎麼使用適合不同孩子的精油。以芳療精油來說，少即是多，所以在一對一的靜心實作中，我常常只會用一滴精油；如果是比較大的團體，我最多會用到兩滴。對孩子而言，能夠幫助放鬆而又安全的精油有薰衣草和佛手柑。如果你有陶瓷的薰香爐，那麼就用它擴香；如果沒有，你可以用紙巾，在上面滴上一滴或兩滴精油，把紙巾放在散熱器上，讓熱氣幫助香味在房間裡循環擴散。

如果你的孩子有呼吸道的問題，要避免使用某些精油。如果你不確定怎麼使用，也可以諮詢專業的芳療師（詳見316頁）。我附註了精油的拉丁文拼音（在括號裡），這樣就可以確保你買到正確的精油，因為光是薰衣草精油就有許多不同的種類。

有些人會在靜心時使用線香，不過線香可能味道很重，所以不太適合孩子，尤其是如果他們有呼吸道疾病，像是氣喘。

運用觸覺

對孩子來說，觸覺是靜心中相當重要的一個感官。在觸覺方面，你可以運用一些柔軟的東西，像是抱枕或毯子，讓孩子在上面坐著或躺著。如果你的孩子坐在椅子上，可以在他們的腳下放個毯子；如果他們光著腳丫，就可以去感覺這個柔軟的東西觸碰皮膚的感受。在他們的身體下面或腳下放一些有觸感的東西，可以讓他們和地板連結，最終和大地連結，這能鼓勵孩子更加地扎根以及歸於中心（「扎根的重要性」那一節，解釋了扎根在靜心中的必要性，詳見第82頁）。依據孩子的年齡，你可以使用一個柔軟的玩具或是泰迪熊，讓孩子抱著它、撫摸它，看看指尖會傳來什麼感覺。使用石頭或水晶，則是另一種觸覺靜心的好方法（觸覺靜心的例子。詳見第133頁靜心練習10）。

避開雜亂的環境

試著創造一個整潔的環境。孩子對於環境裡的能量是很敏感的，如果房間亂七八糟，他們的能量與意識層次都會受到影響。孩子的臥房是很受歡迎的靜心空間，對孩子來說，在他們自己的小空間嘗試靜心是很有安全感的。如果他們沒有自己的房間，那麼就試著挪出一塊空間專門作為靜心使用，並且確保這個地方的整潔。無論如何，總是可以用一面屏風把雜亂的東西擋住，或是用床單和椅子搭一個帳篷，做成自製的靜心空間。

運用顏色

顏色對我們的情緒、感覺和能量都有很大的影響。我們會選擇衣服的顏色，也會選擇家裡牆壁油漆的顏色。我們都有喜歡的顏色與不喜歡的顏色。行銷公司對於色彩心理學知道得很多，甚至有「色彩動力學」這樣的詞彙，用來描述人們在看見不同顏色時，會產生的身心反應。舉例來說，某些顏色就會刺激或放鬆我們的注意力。

顏色也具有高度的象徵意義，幫助我們表達自我的感受（像是哥德系的青少年總是穿著黑色衣服），甚至保障我們的安全（像是交通號誌或危險標示）。孩子的玩具通常有著明亮、生動的顏色，因為這些顏色比柔和的、黯淡的顏色更吸引他們。明亮的顏色具有刺激性，像是紫色或黃色就常常被使用。英國廣播公司（BBC）的兒童節目就使用黃色和紫色的CBeebies商標，小恐龍巴尼是紫色的，天線寶寶是綠色、紫色、黃色和紅色的，芝麻街的大鳥是黃色的，麥當勞的拱橋商標也是黃色的。這並不是巧合，行銷公司的人為了吸引孩子，仔細地挑選了這些顏色，給予刺激、讓孩子興奮、吸引孩子，就是他們想要的效果。

在靜心當中，當然我們要做的是完全相反的事——讓孩子平靜下來，讓他們知道怎麼去感覺放鬆。可以抵消黃色的顏色是藍色，所以，藍色是一個可以讓人放鬆的顏色，不管是漆在牆壁上，或是在活動中使用這個顏色的毯子。可以用來舒緩、鎮定的顏色是最好的，藍色、淺色、淡紫色、奶油色、粉紅色，在能量上都比較適合初學者在靜心時使用。如果你家已經漆成明亮的顏色也不要沮喪，不要讓這件事情妨礙你的靜心。不過，如果你想創造一個令人放鬆的環境，顏色是你可以納入考量的一個因素。

令人意外的是，紅色很適合靜心，尤其是對於那些很難集中注意力的人來說，因為紅色有一種扎根的效果（詳見第82頁、第240頁）。所以，紅色的抱枕和地毯會非常有效果，能讓孩子變得專注。

這些資訊以及一些有用的小技巧是為了幫助你開始，但是請記住，環境不需要完美，只要選擇適合你的就可以了。

第五章 能量與靜心

我的小姪子非常的躁動，不想上床睡覺，活力充沛地到處跑來跑去、亂丟東西。他媽媽都快瘋了，因為他怎樣都停不下來。我把他抱起來，決定對他唱「嗡」（Om）……。才一會兒，他就停止掙脫，看著我，對著我笑，然後頻頻點頭。我又唱一次，讓他學我雙腳盤坐，並且以靜心的姿勢把手指頭放好。他看著我……每次我唱「嗡」，他就雙眼發亮對著我笑……太神奇了！他不過才一歲半。

——舅舅

認識身體的能量系統

雖然了解靜心與能量的關係不是必要的，不過在教導靜心時，對它有一定程度的了解則是有幫助的。

靜心是東方人達到身心健康的其中一個關鍵，仰賴於「我們就是能量」這個概念。那不只是一種可觸及的、固態的、物質的能量（像是我們的身體），也是一種以振動形式存在的能量。關於能量，有物理的面向（我們的身體），有情緒的面向（我們的感覺），也有心智的面向（我們的思想），所有這些不同的面向互相作用。

當我們健康時，我們會說能量的流動很順暢。另外，我們的能量也和周圍的環境以及其他人的能量共鳴，彷彿我們處於一個「能量之海」中。比較一下徜徉於大自然和待在市中心的狀況，我們就知道環境會如何影響我們的能量。再比較一下安靜地待在家裡和待在一個大賣場，也可以知道我們的能量怎麼受到別人的影響。這個「能量之海」，看不見也摸不著，不過它就像我們呼吸的空氣一樣地實在。

圖1　脈輪能量系統

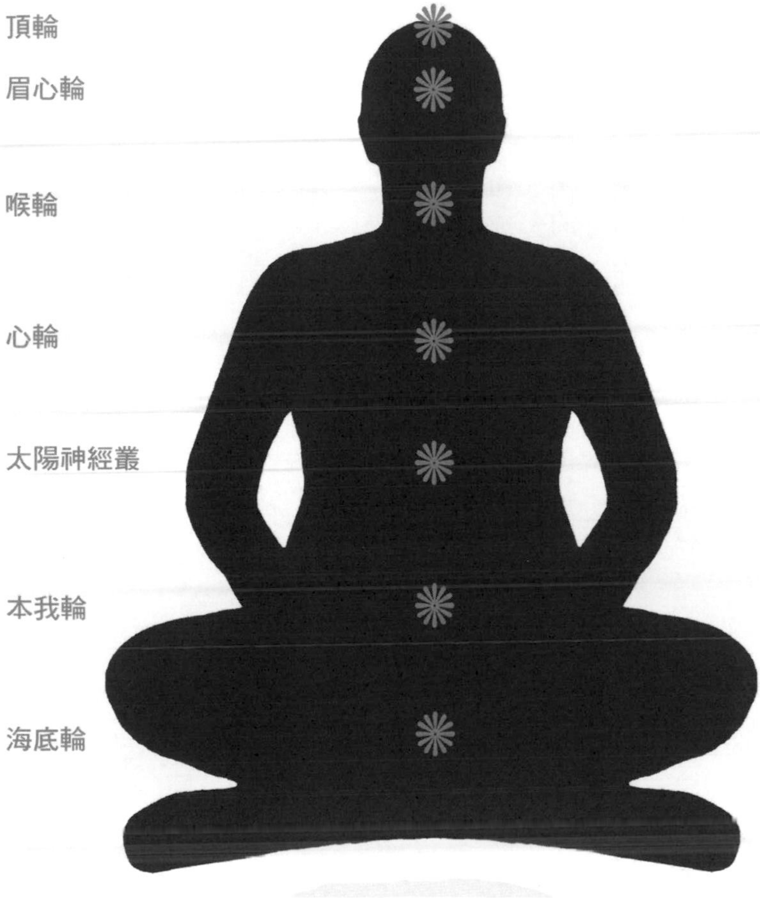
頂輪
眉心輪
喉輪
心輪
太陽神經叢
本我輪
海底輪

脈輪系統的結構來自東方，現在西方人也使用它來教導能量的觀念，幫助我們愛好邏輯的頭腦，適應像是「能量」這種不具體的概念。

根據脈輪系統，當我們健康狀況良好時，能量會流經全身的系統，各個脈輪中心會容易並且溫和的轉動。一旦能量失衡，它們就會變得太快或太慢。這個理論說，如果我們系統裡有能量阻塞，就會表現成身體的失衡——疾病。

據說，每個能量中心都會儲存過往經驗的能量（身體的、思想的與情緒的），然後以此再過濾未來的經驗。如果我們的能量之中儲存了過往的負面經驗，在未來，我們就會繼續憑藉這個經驗來認識自我以及這個世界。

把你的能量中心想成電腦的硬碟，它們會儲存資料，當你有需要時就可以把資料找出來。有時候我們的檔案過時了，或是我們輸入的資料有誤，如果我們繼續使用這些檔案來詮釋我們的生活，我們可能會變得停滯不前或是消極悲觀。如果我們能夠意識到這些檔案，就可以刪除它們。用能量的說法是，靜心幫助我們發現這些過時的檔案（感覺／思想），然後進行清理或是更新。靜心幫助我們的能量，尤其是流經脈輪中心的能量之流，恢復平衡。

每個能量中心顯示了我們生命中不同的面向，對孩子來說也是如此，只是在孩子身上，有些脈輪會發展得比其他脈輪更好。舉例來說，海底輪位於脊椎尾端，連結所有關於物質的層面，亦即孩子的生理發育、他們生活的物質世界、成長過程中所接受的文化信念。這個脈輪在孩子身上特別有趣，因為它同時也表現了孩子對於安全和扎根的感受。有很多兒童專家強調規範與結構的必要，而這是海底輪的象徵，它仰賴秩序。海底輪對孩子最初幾年的生活相當重要，其他脈輪便是依據海底輪的發展而發展。每個脈輪中心在孩子成長的過程中，也會輪流得到它們「短暫的關注」。

- **海底輪：**零至四歲，生理發展是主要關鍵。
- **本我輪（亦稱薦骨）：**五至七歲。關係之中的生理發展，主要是家庭。此外，情緒能量也開始發展。

● **太陽神經叢：**八至十四歲。關係之中的生理、情緒、心智發展，主要是同儕、朋友、家人、世界（運動、嗜好、職業）。

● **心輪：**十五至二十一歲。生理、情緒、心智的發展，包括自尊心、個人魅力、尋求伴侶與愛。

● **喉輪：**二十二至二十八歲。較少的生理、較多情緒與心智的發展，像是關係、婚姻、育兒、職涯，必須做許多選擇。

● **眉心輪：**二十九至三十五歲。較少的生理、較多情緒與心智的發展，關於過去與未來的生命抉擇。

● **頂輪：**三十六至四十二歲。生理退化，如不能生育和健康問題。情緒與心智發展是這個全景圖的一部分。

請注意，上面所提出的能量發展模式因人而異，因為還有許多其他外在的因素（環境、文化、基因、經驗）與內在的因素（思想、感覺、選擇、情緒智商），必須納入考量。

值得一提的是，每個脈輪都有其相對應的顏色。在靜心的過程中，將意識引導至相應的顏色，能夠對孩子的能量以及他們靜心的能力產生特定的影響。如果你要孩子選擇紅色，紅色會幫忙使能量穩定下來。綠色和粉紅色與心輪有關，可以讓孩子覺得安全與受到滋養。藍色和喉輪有關，可以讓孩子的聲音更加平衡（或是在聽與說之間更加平衡）。我會避免選擇特定的顏色讓孩子靜心，儘管這樣可能會**讓你覺得**可以「糾正」孩子的某些傾向。我們的能量對於任何形式的控制或操弄，是非常敏感的，這麼一來就會有反作用力，不管我們幾歲都是如此。如果你讓孩子自己選擇顏色，你可能會發現在那個當下，哪個脈輪對他們來說比較重要，而又有哪些能量區域正在試著歸於平衡。對孩子選擇的顏色保持覺知，在靜心之後再去查查看他們選擇的顏色對應哪些脈輪，可以給你許多豐富的訊息。

雖然我和孩子在靜心實作時傾向使用顏色，不過你也可以要他們專注在身體上，就好像身體是一個氣壓計。當孩子把手放在身體上時，看看他們感覺哪裡舒服或哪裡不舒服，你就能知道在那個時間點上，哪個脈輪得到比較多的注意。當孩子覺得「想像」有點困難的時候，把手放在身上是一個很好的替代方案，因為那是一個比較具體的方法。

扎根的重要性

當人們第一次上我的靜心課，他們常常以為，靜心就是要漂浮在一團美麗的「空無」雲朵上面，然後把日復一日生活中的心事與煩惱拋諸腦後。雖然這有幾分道理，我們的確可以在所面對的挑戰中暫時鬆一口氣，不過就靜心而言，重要的是「扎根」。

讓能量扎根，意味著確保你的能量是透過身體堅固地栓在大地上。把能量想像成一顆氣球繫在地面上，只有當它有一個穩固的錨，才能把繩子放得更長。如果繩子被放開，氣球就會飛走，再也找不到它的基地。以我的經驗來看，一個人如果沒有扎根，最常見的就是沒辦法集中注意力或專心，他們可能會有睡眠或能量的問題，常常也會非常情緒化。一個沒有扎根的人如果坐在椅子上，會沒辦法把雙腳平放在地面上。當他們躺著或在地上盤坐時，也會經常躁動不安。這需要一些練習，而這也是為什麼在靜心之前或之後去感覺和大地的連結是那麼重要。當孩子的心智踏上了一趟引導式的旅程，扎根會給孩子安全感。當孩子每天面對成千上萬的思緒，想要取得一些控制權的時候，扎根也能幫助他們集中注意力。

脈輪系統中與扎根相關的中心，是位於脊椎基座的「海底輪」，這個能量中心的顏色是紅色。紅色常常被用來作為安全與保護的顏色：紅燈提醒我們停下來別再往前走，保護我們的人身安全。紅色、黑色、棕色都是非常穩固的顏色，幫助我們的能量保持扎根與安全。我們使用一些詞彙，像是「我站得很穩」、「我用雙腳站著」、「我覺得腳下的地面正在崩塌」，這些說法確認了透過雙腳與地面連結的海底輪，對我們的身心健康很重要，尤其是在靜心的時候。

扎根的意思是注意地面，以及我們與地面的連結。把雙腳平放在地板上，是一個好的開始。如果是盤腿坐著，就要注意脊椎底部如何與地板接觸。接著，我們才能思考腳下的地板是怎麼和大地連結的。當我要孩子想像試著用腳從地上呼吸時，我會加上一個意象——彷彿他們是植物，他們的根隨著每一次吐氣進入地裡，變得更大、更深、更強壯。之後，當根穩穩地扎進了大地，我再請孩子想像他們從樹根裡吸收了力氣，吸到了他們的腳底，再到他們脊椎的底部，然後到身體裡頭。這麼做，會幫助孩子穩定能量，讓他們能夠專心。

扎根是這麼有用的一個練習，它自己就能作為一個靜心，也可以使用在靜心的開始與結束。當一個人「不扎根」的時候，就容易覺得頭昏眼花、站不穩。值得一提的是，在我的經驗裡，如果我們沒扎根，就容易出意外，所以我都會確保我的學生在離開教室、開車回家之前，是有扎根的！

如果靜心結束的時候，你和孩子還是覺得不夠扎根，就用腳在地面上踏一踏。我通常會鼓勵剛剛結束靜心的學員，先慢慢動一動，然後再伸展手臂、雙腳來重新「感覺」他們的身體。

接下來在這本書中，我會進一步談談，覺知到能量中心如何能對特定的議題有所幫助，像是注意力不足過動症（第十三章）或是自閉症（第十四章）。或者是，如果你的孩子無法「想像」一種顏色的時候，應該怎麼做（見256頁個案分享）。我也提供了一些小技巧，讓你教孩子如何鞏固他們的能量（詳見240至252頁）。身為孩子的靜心老師，扎根對你而言也很重要，它能幫助你變得更寧靜、更歸於中心。

團體靜心與自我靜心的能量狀態

當我們獨自練習靜心時，我們和自己的能量一起共處，其中充滿了挑戰性。當我們在團體裡靜心的時候，團體中許多個人的能量交融在一起，可能會讓靜心的經驗變得更容易一些。

如果你幫助孩子靜心，你們的能量會產生連結。如果你教一個、兩個、或更多的孩子靜心，你就創造了一個團體，而團體能讓靜心進行得更加順暢。從過去的經驗來看，團體的環境可以給予靜心初學者很大的支持。在團體中，能量是共享的，每個人都會透過他的能量來給予或接收其他人的支持。

這裡有個簡單的解釋。讓我們把能量比喻成一個調光器的開關，它連結了我們內在的光，我們可以把它調亮或調暗。當我們靜心，就好比是把它調亮，而我們的能力也就擴張了，變得更光明、更強壯。團體中的每個人都把他們內在的光調亮，擴張他們的能量，當這個光不斷地累積，空間就會變得更明亮。我們的光（能量）不會彼此排擠，而是會共享空間，一起讓「團體的光」變得更加光明。這樣的共享並不是透過我們的意志力，而是透過順其自然、放鬆，允許我們的能量與周圍的環境再連結得更深一些。我們從其他人那裡獲得能量，我們的能量也流向其他人，如此一來，因為我們處於集體的能量場域、而非個人的能量場域，我們會發現，自己能夠更容易地「端坐」在靜心的空間裡。這就好像分享我們所呼吸的空氣，我們不爭奪空氣，而是與他人、也與大自然共享空氣。

引導孩子靜心相關的能量中心

在教導靜心時，你的能量中心也扮演了一個重要的角色。

太陽神經叢

這個能量中心和做對的事情、成為對的人有關。它有著控制與自尊的能量，深深地影響了我們如何透過他人的眼光來判斷自己，以及我們如何判斷他人。如果你試圖讓孩子靜心，或是對於他們在靜心時應該如何表現抱持著特定的想法，就牽涉到了太陽神經叢。意識到這個中心，然後用呼吸使它放鬆（感覺這個部位吸氣與吐氣），能幫助你在教孩子靜心時放下批判的想法。

心輪

這個能量中心的重要性在於幫助你順其自然，並且用一種無條件的方式與你的孩子連結，允許他們「就只是他們本來的樣子」。心輪擁有的能量是無條件的愛，如果我們以心輪的智慧來教導孩子，就不會試著想要去控制，而是以愛來觀察靜心的過程。教導靜心時，當太陽神經叢已經放鬆，你可以配合呼吸並專注在心輪上，幫助你放鬆與順其自然。

海底輪

這個能量中心能夠在你教導孩子靜心時，幫助你保持冷靜、專注、歸於中心。大人第一次教孩子靜心時，通常會有點緊張，如果你可以照著扎根的技巧來練習，就好像你教孩子扎根一樣，你會發現自己變得更加平靜，同時也更能享受教導孩子靜心這件事情。

第六章 靜心的開始與結束

我在一所充滿挑戰的中學裡擔任特教助教。去年，我們將引導式靜心帶進一個六年級的班上，在遊戲與晚餐時間過後進行。孩子的反應很好，最明顯的是當他們在房間四處走動時的那份寧靜。

——學校老師

每一次靜心，自然地都會有一個起始點、中間點與結束點。每個過程延續多長時間，端看你孩子的年紀，以及你有多少靜心的時間。

開始的時候，要把專注力帶到靜心裡頭。對所有年齡的團體，我都會使用呼吸（比較小的孩子需要更具觸感的練習），因為對每個人來說，呼吸都是一個停泊點。不管去哪裡，你都要呼吸。一旦你可以專注在呼吸上，就能幫助孩子放鬆，尤其是當靜心的過程比較久的時候。

接下來是靜心的中間點，你要怎麼做呢？要用聲音來靜心，或是使用其他感官？還是要使用字彙或是語句來幫助孩子靜心呢？你是否將他們帶往一趟充滿和平的旅程呢？你和孩子希望花在靜心上的時間長短，會決定你在這裡要怎麼做。

最後是結束的點——把孩子的覺知帶回此時此刻，當他們睜開眼睛，就會覺得扎根、安全、充滿寧靜。這也是跟孩子聊一聊他們感受的好機會，鼓勵他們用畫的或用寫的，做一本屬於他們自己的靜心日記。

接著，我要進一步詳述開始和結束的部分，這樣你就會知道靜心該如何展開了。

如何開始靜心

希望你已經創造了一個適合的靜心空間（見第四章）。現在，讓我們開始靜心。我通常會以呼吸開始，接著再進行放鬆。

呼吸的技巧

呼吸，是帶領孩子進入靜心與寧靜狀態的第一個踏腳石。以呼吸作為專注點的好處是，不管孩子去哪，呼吸總是在那裡。不需要什麼特別的器材，只要一點適合他們年紀與能力的引導即可。練習得越多，孩子就越知道他們有這樣的一個「錨」可用來停駐，任何時候只要他們需要，就能將覺知轉向呼吸。你可以說，呼吸就是孩子的「平靜按鈕」！

教導孩子專注在呼吸上，是一個可以讓他們把注意力帶到此時此地的快速方法。聽起來很簡單，不過挑戰在於讓孩子持續地注意呼吸，因為頭腦喜歡四處遊蕩。不過，呼吸可以幫助建立一開始的焦點，如果在靜心過程中，頭腦開始遊蕩或是有別的打擾，就再回到呼吸上頭。呼吸是非常有用的工具，當我們開始注意呼吸（即使一開始呼吸很快或是很淺），就會開始回歸平衡，並且幫助孩子放鬆。

有一些靜心是完全關於呼吸的。不過對孩子來說（尤其是比較小的孩子），呼吸不夠有趣，不足以讓他們的注意力維持很長一段時間。當他們長大一些，專注在呼吸上的時間就可以比較久一點。

一些我常用來開始靜心的語句，像是：「注意你的念頭，然後把它們吹走」，以及「注意你的呼吸」。當孩子坐著，但是雙腳開始離地，你可能也要溫和的引導孩子，幫助他們與大地保持連結：「感覺你腳跟下的地面。」你可能要花個一至五分鐘，就只是在做這件事，不過這也和孩子的年紀與能力有關，就跟著你的感覺看看怎麼樣比較好。

試試看以下這些建議也會有幫助。

注意呼吸（六歲以下）

對比較小的孩子而言，要他們注意呼吸，可能會有一點挑戰性，所以我通常會使用觸覺的方法。在最一開始摸摸他們的鼻子，可以讓他們開始去注意呼吸；接著你可以要他們握住手，放在鼻子前面，嘴巴微張，吐氣時去感覺手上熱熱的，吸氣時則是涼涼的。

帶年紀比較小的孩子團體靜心，通常你必須花比較多的時間給他們指示，讓孩子去運用他們的感官。當孩子用嘴巴呼吸時，要他們發出「啊」的聲音，鼓勵他們去聽呼吸的聲音，這能讓他們專注在你要他們做的事情上。你也可以讓他們在吸氣時保持安靜，然後呼氣時說「呼」或是「啦」，或是用任何他們喜歡的字。

這裡有些例子，可以幫助年紀比較小的孩子專注在呼吸上。

靜心練習1：手掌心靜心（適合六歲以下兒童）

當你讀到「暫停」的時候，先停一、兩個呼吸，再進行下一步。

把你的手放在臉前面。

手掌朝向你的鼻子。

注意當你用嘴巴吐氣時，空氣會觸碰到你的手心。**（暫停）**

注意每個觸碰到手心的呼吸。

把你的念頭放開。

只要注意你的手心裡，呼吸的溫暖空氣。**（暫停）**

現在注意當你吸氣時，手心變得涼涼的感覺。

吐氣時溫溫的。

吸氣時涼涼的。

吐氣時溫溫的。

吸氣時涼涼的。

這一次，吐氣時，把腦袋裡的念頭都吹走。

吐氣的時候，把念頭吹到你的手心裡。（暫停）

每次你吐氣到手心，就覺得心裡變輕了。

每次你吐氣到手心，就覺得心裡更開心了。

每次你吐氣到手心，就覺得心裡變得更柔軟了。（暫停）

你可以使用像是「平靜」、「寧靜」、「平和」這些字眼，只要孩子聽得懂就行了。

把手放下，不過繼續注意呼吸還在進進出出。（暫停）

注意現在你內在的感覺。

呼吸的時候笑一個，看看這樣感覺如何。（暫停）

在這裡就可以結束了。如果時間比較充裕，也可以從這裡進入放鬆與靜心。

如果你的孩子比較大了，已經能夠將注意力保持在呼吸上，就可以省略把雙手放在面前這個動作，改成要他們在吐氣與吸氣時，把注意力放在鼻尖，讓他們隨著每一次的吐氣變得更輕盈、更放鬆。吐氣「溫溫的」，而吸氣「涼涼的」。你也可以要孩子把所有吐到手心的氣都「抖掉」，就好像把所有讓他們擔心的念頭都丟掉一樣。

*編註：靜心練習中的粗體字，是作者提供給家長或老師，在帶領孩子靜心時的指引和提醒。

數息（七歲以上）

在這裡，孩子要藉由數自己的呼吸來專注在呼吸上。數息能讓孩子腦袋裡頭邏輯的部分有一個焦點，對於喜歡數字的孩子來說，這是一個很好的方法。這個練習的目的不在於數得快，或是數到一個很大的數字，而是藉著數數，讓呼吸平均、緩和下來。你的孩子數到哪個數字都無關緊要，讓他們對著自己默默地數，看看每個數字可以延續多久。幾次呼吸以後，你可以讓孩子暫時停止呼吸（用你的口令引導），接著吐氣時慢慢的數數。如果他們平常呼吸得很快，你會發現，孩子的呼吸重新歸於平衡並且開始慢下來。

靜心練習2：數息靜心（適合七歲以上兒童）

當你讀到「暫停」的時候，先停一、兩個呼吸，再進行下一步。

用你的鼻子呼吸，然後開始（**安靜地**）慢慢數數。

一……二……

放掉你呼出去的氣。（**從嘴巴**）

再數你吸進來的氣。（**安靜地**）

一……二……

放掉你呼出去的氣。（**從嘴巴**）

這一次數你吸進來的氣，然後慢慢數你呼出去的氣。**（安靜地）**

重複一次。

重複時，你可能需要再引導孩子一遍。

重複幾次以後，你可以問孩子：

呼氣的次數是不是和吸氣一樣多？**（暫停）**

還是呼氣和吸氣的次數不一樣？**（暫停）**

好，現在停止數數，只要注意你的吐氣和吸氣。

這一次，吸氣之後屏住呼吸，數一，接著再慢慢的吐氣。

多重複幾次，試著讓呼氣變得更慢一點。**（暫停）**

只要有助於提升專注力，吐氣時也可以運用意象，像是吹熄一根蠟燭，或是吹氣球。

專注於呼吸（十二歲以上）

如果你帶領的是大一點的孩子，呼吸是一個好的起始點，因為通常用一些簡單的指示，就可以把他們的注意力導向呼吸。讓我給你一個範例。

靜心練習3：呼吸靜心（適合十二歲以上青少年）

當你讀到「暫停」的時候，先停兩、三個呼吸，再進行下一步。

把注意力帶到鼻子。

注意你呼吸的進與出。（**暫停**）

現在注意呼吸的韻律。

保持好奇，每次呼氣就隨它去。（**暫停**）

現在注意呼吸的速度。

現在注意呼吸的深度。（暫停）

現在注意你胸部的微微起伏，吸氣……然後呼氣……（暫停）

靜心練習4：胸腔呼吸與腹式呼吸（適用各年齡層）

使用適合不同年齡層孩子的語言。先讓孩子多注意幾次呼吸，再暫停，然後才進行下一個句子。

把手放在胸部。

注意當你吸氣時，胸部往上。

注意當你吐氣時，胸部往下。（暫停）

注意當你吸氣時，手和胸部的動作。

注意當你吐氣時，手和胸部的動作。

讓念頭離開。（**暫停**）

多吸進一點空氣，注意你的手更加往上。

多吐出一點空氣，注意你的手更加往下。（**暫停**）

注意你的胸部充滿了空氣，就像氣球一樣。

注意你的胸部慢慢地降下，就好像氣球在洩氣一樣。

讓念頭離開。（**暫停**）

現在把手放到你的肚臍上。

把你的雙手平放在肚子上。

注意當你吸氣時，你的手往上，肚子微微隆起。

注意當你呼氣時，你的手往下，肚子慢慢下降。（**暫停**）

注意每次呼吸，你的手往上，然後往下。

注意每次呼吸，你的肚子往上，然後往下。

讓念頭離開。（**暫停**）

多吸進一點空氣，注意你的手更加往上。

多吐出一點空氣，注意你的手更加往下。**（暫停）**

只要注意你的肚子充滿了空氣，就好像氣球一樣。

注意你的肚子降下，好像氣球在洩氣一樣。

讓念頭離開。**（暫停）**

每一次吐氣，你就覺得內在更寧靜。

每一次吐氣，你就覺得內在更安靜。**（暫停）**

每一次吐氣，你就覺得內在更安全。

你可以使用像是「平靜」、「寧靜」、「平和」這些字眼，只要孩子聽得懂就行了。

注意現在你內在有什麼感覺。

笑一個，然後注意你內在的感受。

在這裡就可以結束，或者你也可以繼續進入一個較長的靜心。

放鬆的技巧

這聽起來像是簡單的常識，不過我還是要強調：當你和孩子靜心時，你們兩人都要處於一種放鬆的姿勢。孩子對於放鬆的技巧，接受度通常很高（比大人還強）。不過在一開始的時候，要多給他們一些溫和的鼓勵，讓他們有嘗試靜心的「心情」。孩子在放鬆和放手的時候，都比大人容易。和大人相比，孩子也比較願意運用他們的想像力，而大人邏輯性的頭腦常常會是靜心的阻礙。

放鬆可以讓孩子溫和地把注意力放在靜心上，幫助他們專注、享受當下。「階段性的肌肉放鬆」（Progressive Muscle Relaxation）會是個有用的開始，它會將孩子的注意力帶往身體的各個部位，一步接著一步，鼓勵他們的身體放鬆、釋放壓力。舉例來說，你可以從孩子的腳開始，讓雙腳盡量緊繃個幾秒鐘，然後放鬆。緊繃與放鬆，緊繃與放鬆。你可以自己決定要從頭開始，然後往下到腳，或者是從腳到頭，在此過程中注意身體的每個部分（腳掌、腿、屁股、肚子、胸部、手臂、手掌、肩膀、臉），用一種輕柔的意念要那個部位開始釋放壓力，並且放鬆。要孩子先繃緊、然後再放鬆他們注意力所在的那個部位，並且結合吸氣與吐氣。舉個例子，當孩子已經可以把腳掌繃緊、然後再把腳掌放鬆時，我就會要他們在繃緊的時候吸氣，放鬆的時候吐氣。下面是一個放鬆練習的範本，你可以自己修改以適合不同年齡層的孩子。

靜心練習 5 ：全身肌肉放鬆練習

在這個放鬆練習，我讓孩子坐著。如果你是讓孩子躺在地上或床上，可以自行修改其中的文字。

把腳平放在地上。（**如果是坐著，去感覺脊椎的底部觸碰到地面。**）

想像你的頭頂有一條線，輕輕地把你拉向天空，把你的背部和脖子延展得長長的，就好像一隻長頸鹿。

然後想像這條繩子突然鬆掉了，所以你的頭就輕輕地落在脖子上放鬆。

把你的手心朝上，平放在膝蓋上。

我們要從身體的上半部開始放鬆，然後一路往下。

首先，笑一個——注意你臉上的感覺。

接著，皺眉頭——感覺看看有什麼不一樣。

將上面兩個句子重複幾次。

現在做一個鬼臉，把臉上的肌肉都用力擠在一起。

接著放鬆，感覺你的肌肉變得柔軟。

將上面兩個句子重複幾次。

注意肌肉很緊繃和肌肉很柔軟的感覺，哪裡不一樣。

讓整個臉放鬆。(**暫停**)

現在注意你的肩膀。

向耳朵的方向抬起你的肩膀，就好像耳朵和肩膀要碰在一起了。

然後讓肩膀輕輕地掉下來。

將上面兩個句子重複幾次。

再做一次，這次放慢速度。

注意肌肉緊繃和肌肉很柔軟的感覺，哪裡不一樣。**（暫停）**

現在注意你的手臂。伸長你的手臂。

讓它們變得鬆鬆軟軟的。

將上面兩個句子重複幾次。

讓一隻手臂緊繃起來，然後讓它變得鬆鬆軟軟的。

接著讓另一隻手臂緊繃起來，讓它也變得鬆鬆軟軟的。**（暫停）**

接著來到你的雙手，把手合起來，像是一顆石頭的形狀。

石頭。

接著張開手與手指頭，讓它們看起來像星星。

星星。

將上面兩個句子重複幾次。（暫停）

現在輪到你的肚子。

把肚子用力推出去。

然後放鬆。

再做一次，用力的時候停一下，然後放鬆。

當你向外推的時候，想像肚子裡有一顆氣球。

放鬆的時候，想像氣球的氣都洩光了。

再做一次，這次慢一點，你就可以感受到肌肉緊繃和肌肉放鬆的感覺，有哪裡不同。**（暫停）**

現在注意你的雙腿。繃緊你的雙腿，就好像它們是木板一樣；然後放鬆，就好像它們是羽毛一樣。

木板。

羽毛。

木板。

羽毛。**（暫停）**

現在輪到你的腳掌。把腳趾頭捲起來，好像它們是躲在老鼠洞裡的小老鼠。

然後張開你的腳趾頭，好像老鼠跳出老鼠洞。

將上面兩個句子重複幾次。

再做一次，這次慢一點，你就可以感受到肌肉緊繃和肌肉放鬆的感覺，有哪裡不同。

在放鬆練習中結合想像力，可以讓孩子了解你的指令，也讓練習過程變得更有趣。這個例子適合年紀小一點的孩子，你可以自行選用適合你孩子年紀的語言與意象。

如果孩子非常好動，或是身體不適，你可能要在放鬆練習上多花一些時間來引導他們，讓他們慢慢找到自己放鬆的方法。祕訣在於讓他們察覺自己身體的不適，然後試著將注意力放到那個部位，或是用能量的說法，想像他們的胸部（心輪）充滿了這個疼痛，這麼做可以幫助孩子減緩不適的感受。

如果你和孩子想來個一分鐘靜心，放鬆的練習可以很短，或是根本不要（像是一分鐘的呼吸練習）。不過，如果你打算帶孩子進行比較長的靜心，先做放鬆練習是很有幫助的。

如何結束靜心

如果你帶孩子進行比較長的靜心（舉例來說，先呼吸，再放鬆，然後接著引導式靜心），將靜心收尾是很重要的。

就像你用呼吸作為開始，結束的時候，要孩子單純地注視著呼吸，也是一個好的結束方法。如果他們在靜心過程中非常放鬆，你可能會希望多給他們一點時間回過神來。

接著，透過呼吸，引導他們注意自己的身體，看看他們的身體如何接收呼吸與釋放呼吸。你可以要孩子動一動腳趾，伸一伸腳，伸長手臂，然後動一動手指頭。這些都能幫助他們完整的回到身體裡。

如果你的孩子已經做了很多活在當下的練習（像是注意聲音或味道），他們不需要太多時間就能回神。不過在最後，多花一點時間是值得的，讓孩子去注意自己內在平靜的感覺。當孩子日後需要進入內在的寧靜空間，這樣子的感覺會成為一種回憶，讓孩子可以主動進入。

經驗分享

我一向認為花點時間，看看孩子在靜心過程中有什麼感覺，是很值得的。他們記得什麼、感覺到什麼、或者看到些什麼呢？寫日誌是很棒的想法，幫助他們記得每一次的經驗，同時去處理他們的思緒與感受。即使你帶領的是一個大團體，也要騰出一點時間做這件事。這是我在學校帶領團體時所學到的，在靜心的尾聲，我會問每個孩子，他們看到什麼顏色，或感覺到什麼。最後說話的一個男孩看起來有些靦腆，但是他告訴我，他看見什麼、感覺到什麼。後來校長告訴我，她覺得很驚訝，因為那個男孩的背景有些艱難，導致他幾乎從來都不說話。這個片刻讓我感覺到自己的渺小。

第七章 靜心的種類

我要我兒子聆聽窗外的雨聲，或是風吹過樹梢的聲音。他用這件事情來取笑我，不過我可以注意到他身上一種巨大的、立即的心情變化。

——家長

當你想和孩子一起練習靜心技巧，你是不是覺得你們都應該坐在地上，用一種傳統的姿勢盤著腿，然後完全靜默呢？這是人們對靜心一種常見的看法，身為一個大人，你可能會想：「老天，我該怎樣才能讓孩子這麼做？」

有些大人覺得學習靜心很困難，以致他們認為對孩子而言也是一樣。是的，孩子有許多的能量，當他們四處奔跑、跳躍、大叫時，就好像生命力在爆發一樣，然而我可以跟你保證，他們也可以靜靜地保持不動。這一章藉著探索一系列正念的活動，要擴展你對靜心的認識，並且讓你知道，孩子可以怎樣體驗並且享受靜心。

正念即是活在當下

靜心有一個面向，僅僅在於活在當下。你可以要孩子在這個片刻裡，注意他們現在有什麼感覺、有哪些想法、身體上有什麼感受。聽起來很簡單（事實上也是），所以不管你的孩子幾歲，這都是一個很棒的著手點。

有一個方法叫作「和呼吸同在當下」，它能讓孩子知道該如何完全地注意到**這個片刻**的呼吸——就在這個片刻成為「正念」的，而不要去想已經過去的、或是尚未來到的片刻。它也意味著不要判斷這個片刻，簡單地注意它就好。就像我已經提過的，當我帶領靜心課程時，我會要孩子和大人都專注在呼吸上，因為每個片刻，呼吸都與你同在，在家裡、在學校、在公園，這樣在一天的任何時刻，孩子都可以靜心。（不要忘記，這對你也有很多的好處——等公車、在超市排隊結帳、塞在車陣裡……）有件事情常常發生在用呼吸開始靜心的人身上，那就是你可能會覺得無聊，或是因為各種思緒而分心。你的腦中升起了一些念頭，在你發現之前，你就已經忘了要注意自己的呼吸了，就這樣，你被這些念頭帶著走。讓我舉個例子：

老師說：「注意呼吸。」

老師說：「跟著呼吸進入你的身體。」

你覺得肩膀有些痠痛。

你想：「哦，我的肩膀好痠……」

你想：「我的肩膀應該要再放鬆一點……」

你想：「嗯，我在電腦前面工作太久了……」

你想：「也許我該調整一下椅子的高度……」

你想：「去預約按摩好了，這樣可能比較有用……」

你想：「約什麼時候好呢……」

你想：「這樣會花多少錢……」

你想：「這個月不知道還有沒有預算……」

你想：「要記得繳帳單……」

老師說：「注意呼吸，把所有的念頭都放掉。」

你想：「啊，這樣不對，我要注意呼吸才行……」

從這個簡短的例子，你就可以知道，你一連串的想法是怎麼把你帶離呼吸的。我教學的時候，在這個點上，我會告訴學生：「知道你的念頭在哪裡，把它們放掉，繼續回到呼吸。」他們通常都會知道我在說什麼。當你教孩子靜心時，也可以這樣說：「現在，注意你的呼吸。」他們就會知道要回到呼吸。

透過練習，最後我們能夠更輕易地將念頭放掉，並且在呼吸上停留更久的時間。這對青少年來說是個很有用的技巧，可以幫助他們面對考試壓力和焦慮。對小一點的孩子，我會運用更多的互動（詳見第93頁）。和孩子進行這個練習也是相當好的，你可以每天規律的練習，或是在一天的任何時候都可以練習。注意呼吸本身就可以成為一個固定的遊戲或練習。最後，孩子可以不依賴你的幫忙而自己進行。這個方法能夠培養孩子長時間的專注力，減少分心的機會。

大人也好，青少年也好，小孩也好，只要能專注在呼吸上，就是好的開始。慢慢地，他們就能夠養成注意並且覺察呼吸的能力。

這個方法是正念靜心練習的一個關鍵。現在在心理學家以及心理健康照護專家領域裡，越來越流行正念靜心，它也是許多佛教修行的重點。正念靜心鼓勵你覺知到你的心志、你的思想、你的呼吸，目的就是要讓你的覺知停留在當下，這麼一來，靜心就能成為日常生活的一部分。

為了讓你體驗正念靜心的滋味，這裡提供一個小小的練習。

靜心練習6：活在當下的靜心

當你讀到「暫停」兩個字，繼續練習同一個步驟兩至三個呼吸。

把注意力帶到你的呼吸。把注意力放在鼻尖，覺察你的呼吸。（**暫停**）

覺知你的呼吸是怎麼進入與離開你的身體。你有用到嘴巴嗎？或者你只用鼻子呼吸？（**暫停**）

繼續注意你的呼吸，去覺知你的呼吸有多深，或是有多淺。注意你是不是開始在批判呼吸的深淺。若是的話，放下這些批判，只要看著或感覺你的呼吸。（**暫停**）

繼續注意你的呼吸，去覺知呼吸的速度是快、是慢、還是中等速度？（**暫停**）

不要試圖改變呼吸，只要感覺它。（**暫停**）

現在，你可以感覺到呼吸進入胸腔嗎？你有沒有注意到，當你吐氣、吸氣時，胸口微微的起伏？**（暫停）**

注意你的念頭。呼吸的時候，你覺得焦慮，還是覺得放鬆？**（暫停）**

注意你的念頭升起了，然後把它放掉，再次回到呼吸。繼續跟著呼氣、吸氣。**（暫停）**

把注意力帶到身體。你的身體是僵硬的、緊繃的、還是放鬆的？**（暫停）**

放掉你的思緒，只要繼續看著身體的感受。**（暫停）**

為了舒服一點，你可以換個姿勢，然後再回到呼吸。

吸氣時，讓氣息流入你身體緊張的部位。吐氣時，在心裡說：「放輕鬆。」每個吸氣、吐氣都這麼做，然後看著。**（暫停）**

去覺知你的感覺與思緒的升起，然後把它們放掉。只允許氣息進入你的身體，然後讓身體在吐氣的時候放鬆。保持對身體感受的好奇心，然後看著。**（暫停）**

恭喜！你剛剛做了一次靜心（也許這是你的第一次）。你感覺如何？覺得困難、還是簡單？你的頭腦裡是不是有許多念頭？你覺得焦慮嗎？還是覺得很美妙？你的身體覺得緊繃嗎？有沒有釋放了某些壓力？不管你感覺到了什麼，這是一次靜心的體驗。即使你會覺得「我的腦袋真是太忙了」或是「我覺得不舒服」，這仍然是靜心。佛教徒說，當我們注意到我們腦袋裡頭的喋喋不休，就踏上了靜心的第一步。不要煩惱你的腦袋有多忙碌，相反的，這是你第一次覺知到你的腦袋以及它的嘮叨。如果你能夠經驗一個活動，而沒有日常的思緒浮現，那麼你就「活在當下」了。

上面的靜心，可以依照孩子的年齡與專注力持續的強度稍作修改（詳見第十章）。無論如何，這個靜心給你一個機會，讓你試試看一種不同面向的靜心，不用盤著腿，坐在椅子上就可以進行了。

靜心練習 7：即刻靜心

這個方法花不到一分鐘，讓你可以「即刻」靜心。你和孩子想坐著或站著都可以。

閉上眼睛。（如果眼睛張開，就用柔和的視線看著前方地面。）

把注意力帶到鼻子。

注意你的呼吸。

吸氣。

呼氣。

吸氣。

呼氣。

你的呼吸是快還是慢呢？（暫停）

你的身體有什麼感覺呢？（**暫停**）

想像隨著每一次吐氣，你的身體就變得更安靜、更柔軟，好像一根羽毛一樣。

更安靜、更柔軟。（**暫停**）

更安靜、更柔軟。

你在哪裡？（**暫停**）

你聽見什麼聲音？（**暫停**）

你的腳碰到什麼東西？（**暫停**）

你的手摸到什麼東西？（**暫停**）

你的手指頭碰在一起嗎？（**暫停**）

深深的吸一口氣。

吐氣，然後張開你的眼睛。

日常活動靜心

當我在課堂上提起「一杯茶」靜心或是「淋浴」靜心時，學生常常會覺得訝異。換句話說，這是指在你做一些尋常事情的時候靜心！如果你像我一樣忙碌，你可能會想試試看這種可以套入例行公事中的靜心。

我記得在許多年前聽過一個佛教的演說，演說者鼓勵聽眾們在日常生活中放慢速度，然後在進行日常事務的時候靜心，像是吃飯或是洗碗盤時。那時候，我的生活壓力很大，覺得要放慢到像蝸牛一樣，一定會讓我非常洩氣。然而，我堅持過去了，並且發現，慢下來是一個相當實用的方法。下面是一個例子。

靜心練習8：一杯茶靜心

這個方法是為成人所設計，讓你可以簡單地花一點時間，在沖茶或喝茶的時候靜心。利用這幾個片刻去注意聲音，或者是其他的感受，能夠舒緩一下你日常的思維與情緒。

把注意力帶到鼻子。

注意你的呼吸。

吸氣。

吐氣。

吸氣。

吐氣。

現在，往廚房走去，注意你踩在地上的腳步，留意腳步的觸覺與聲音。

把水壺拿到水槽，注意水壺握把溫暖（或冰涼）的感受。
注意手上水壺的重量。
打開水龍頭，聽水流動的聲音。
注意當你裝滿水時，聲音的變化（也要注意水壺的重量變得更重了）。
將水壺插電，把水煮滾，注意它發出的聲音。
當你拿出杯子、湯匙、並且把茶包放到杯子裡，注意你發出的聲音。
感覺你手中的湯匙冷冷的。
打開冰箱的門，聽開門的聲音，感覺冷氣包圍著你。
感覺你手中冰涼的牛奶。
聽水壺裡的水煮沸的聲音，感覺它的熱度。
沖一杯茶，聽它的聲音，並且感覺它的溫度，是暖還是冷。
把這杯茶放到唇邊，並且感覺臉上蒸氣的熱度。
喝茶的時候，感覺、品嚐這杯液體。

你也可以和孩子一起發明新的靜心活動，它將會很有趣。走路的時候、在公園、睡覺前、洗澡時都可以，有許許多多的選擇。如果你可以這麼做，並且找到十至十五分鐘時間靜心，那就太棒了！你或許沒有這麼多時間，那麼就找一個適合你、適合你的生活型態、適合你和孩子個性的靜心。關於可以用來靜心的日常活動，這裡提供一些建議。像是前面已經提過，要孩子在活動的時候注意他們的感官知覺。你也可以參考之前用呼吸靜心的段落（第91頁），以及下面使用五種感官的段落（第128頁），找到關於如何引導孩子的說明與例子。

- 刷牙：味覺、觸覺、聽覺。
- 梳頭髮：聽覺、觸覺。
- 泡澡或淋浴：觸覺、聽覺（包括擰乾毛巾的聲音）。
- 吃水果：味覺、聽覺、嗅覺、觸覺（見第135頁靜心練習11）。
- 走路：聽覺、觸覺、數腳步、呼吸、顏色、味覺。

- 吃晚餐：嗅覺、味覺、聽覺（當孩子吃東西的時候）、食物的能量（太陽、雨、食物到餐桌的旅程）。
- 寫功課：呼吸、扎根（腳或脊椎接觸地面）。
- 遛狗：呼吸、觸覺（雙腳在地面）、聲音（小狗的喘息聲）、牽繩的拉力。
- 幫寵物梳毛或跟寵物玩：觸覺（寵物柔軟的毛皮、溫度）、聽覺（梳毛的聲音、或是貓咪的呼嚕聲）。
- 睡覺時間：觸覺、呼吸。

小祕訣：在上述任何一個情況中，使用一分鐘的「即刻」靜心，能夠有效地將這個靜心介紹給孩子。

運用身體感官的靜心

運用身體的感官，也是靜心的一種方法。五種身體感官能夠幫助孩子對於「此時此地」，以及圍繞在他們周圍的世界有所覺察，可以簡單到像是注意他們身體的姿勢。當你讀到這裡時，開始注意你自己的姿勢，看看是不是有點彎腰駝背；或是當你站著、坐著或休息時，注意身體的觸覺。當你對於身體與觸覺變得更加覺察，你可能會決定要放鬆或是改變姿勢，把下意識中緊抓的壓力放掉。

另外一個容易成功運用的感官是聽覺。我們可以鼓勵孩子帶著覺知來聽，但不要評斷、或是把聲音貼上標籤，只要注意它們就好。我們的世界充滿了許多雜音，不過我們通常不會把注意力放在周圍的聲音上面，這些外在聲音就像圍繞著我們的白噪音（編註：又稱白雜訊，這些訊息與一般惱人的噪音不太相同，它有非常固定的頻率和音調，是一種具有療癒功效的聲音）。如果我們想，也可以有選擇性地注意聲音，像是聽小鳥唱歌，或是聽你走路時的腳步聲。這麼做的時候，我們一下子就把知覺從我們的思緒轉入當下的片刻。

你也可以使用味覺。如果你和孩子在公園或是花園裡，只要你在靜心中融入環境調頻，你們就會開始注意到草地、花朵、小樹叢細緻的味道。

你也可以帶著更多的覺知來使用視覺。身而為人，我們透過眼睛來吸收大部分的資訊，不過我們還可以更加地注意周圍的環境，像是顏色、形狀或花紋。或者，我們也可以給這個世界裡的物品更多的注意力，像是花朵、石頭或照片。靜心就是處於一種放鬆而覺察的狀態，它讓我們可以帶著驚奇與好奇，而不是批判，去觀察這個世界。

我們也可以使用觸覺和味覺。

如果你讓孩子知道怎麼使用感官靜心，那麼他周圍的環境都可以作為一種輔助，能讓孩子避免分心。如果有個突如其來的噪音，你可以把它納入靜心。我發現，孩子在吵雜的環境中還是能放鬆，因為他們在學校學會了把噪音排除在外，反而是我們大人容易因為噪音而分心呢！

靜心練習9：房間靜心——運用聽覺

記得依照指示，暫停幾個呼吸。

當你吐氣時，想像你是透過耳朵在吐氣。

注意耳朵周圍的空間，感覺它、思考它、想像它。**（暫停）**

在耳朵周圍的空間，你有注意到任何聲音嗎？**（暫停）**

只要注意任何來到你耳朵的聲音。

或者是現在很安靜呢？**（暫停）**

你可以聽見自己的呼吸嗎？**（暫停）**

注意有聲音的片刻和沒有聲音的片刻。**（暫停）**

當你吐氣時，注意房間裡圍繞著你的空間，感覺它、思考它、想像它。

（暫停）

在房間的所有空間裡，你有聽見任何聲音嗎？

注意聲音，然後把它放掉。（**暫停**）

你有沒有注意到，有聲音的時候和沒有聲音的時候，感覺起來有什麼不一樣？（**暫停**）

你可以聽見我的聲音朝著你的方向去嗎？你可以聽見我的聲音嗎？（**暫停**）

當你吐氣時，注意這個房間之外的空間，感覺它、思考它、想像它。

在房間之外的空間，你有聽到任何聲音嗎？（**暫停**）

注意它，然後放下它。

你有注意到任何不同的聲音嗎？一個一個地去留意，然後把它們放掉。（**暫停**）

你有沒有注意到，有聲音的時候和沒有聲音的時候，感覺起來有什麼不一樣？（**暫停**）

跟著這些聲音，它們走了多遠？（**暫停**）

當你吐氣時，回來，感受這個房間裡圍繞著你的空間。

注意房間裡的聲音。（**暫停**）

注意我的聲音，只要注意其中的聲響，然後放掉它。（**暫停**）

吐氣時，感受圍繞在你耳朵旁的空間。

注意那個空間，有聲音嗎？

注意你的呼吸。（**暫停**）

吐氣，然後輕柔地張開你的眼睛。

靜心練習10：小石頭靜心——運用觸覺

在這個靜心中，你可以使用石頭或水晶。

眼睛張開，用一隻手的手掌握住一顆石頭。

看著這顆石頭，注意看它是不是有任何的花紋或顏色。（**暫停**）

閉上眼睛。

注意石頭感覺起來有多重。（**暫停**）

用你的指尖輕輕地撫摸石頭，是不是粗粗的？還是滑滑的？感覺起來怎麼樣？（**暫停**）

用手指頭感覺這顆石頭的形狀。用手指頭在石頭外圍撫摸。它是一顆大石頭？還是小石頭？感覺起來怎麼樣？（**暫停**）

用兩隻手握住石頭。這顆石頭摸起來溫暖嗎？還是涼涼的？感覺起來怎

麼樣？**（暫停）**

想想看，石頭是從地上來的。它從地球來，你腳下的地球。

想想看，石頭有多堅固。它來自地球。**（暫停）**

你可以想像這顆石頭來自地球上的某個地方嗎？

這顆石頭曾經被埋在多深的地底呢？**（暫停）**

你可以想像石頭曾經在地球裡嗎？

你可以想像石頭覺得有多安全嗎？**（暫停）**

接著，重複上述的問題幾次，讓孩子可以好好感覺他們手中的石頭。記得在問題之後要稍微暫停一下，給他們時間去回應問題。

想像每一次你吸氣的時候，就把石頭的能量吸進來。

把石頭的力量吸進來。**（暫停）**

把石頭的感覺吸進來。**（暫停）**

每一次吸氣的時候，你覺得安全。感覺你手中的石頭。**（暫停）**

當你準備好了，用手指頭在石頭上描繪，感覺它的形狀與表面。（暫停）

當你準備好之後，張開眼睛，看看現在你心裡面有什麼感覺。

靜心練習11：吃東西靜心——運用味覺

味覺本身就能成為一種靜心。

給你的孩子一根香蕉、一片蘋果或是一顆葡萄乾，教他們怎麼聚焦在上頭，並且用下面的步驟引導他們靜心。

首先，要他們聞聞味道（也許先張開眼睛，然後再閉起眼睛）；然後，要他們注意食物外皮的感覺、它的質地，接著要他們注意這個食物拿起來有多重；之後，當他們咬了一口，要他們注意食物的滋味，是甜是鹹，是溫暖還是冰冷。

以下是一個完整的例子。

靜心練習12：小蘋果靜心——運用綜合感官

用一整顆或一小塊蘋果，或是任何孩子喜歡的水果。

眼睛張開，把蘋果握在手裡。

看著蘋果，它是大蘋果還是小蘋果呢？注意顏色，蘋果上的顏色是不是每個地方都一樣呢？（**暫停**）

閉上眼睛。

把蘋果放到鼻子前面，聞起來如何？（**暫停**）

感覺你手中的蘋果，它是軟是硬，是冰冷還是溫暖？（**暫停**）

讓手指頭在蘋果上漫遊，它的表面是光滑還是粗糙？（**暫停**）

你可以用手指感覺、用手指去感知嗎？（**暫停**）

蘋果是大還是小？感覺起來如何？（**暫停**）

把蘋果拿好放在膝蓋上。想像幫助這顆蘋果長大的陽光。

你可以在這顆蘋果裡面感覺到陽光嗎？

這陽光感覺起來如何呢？（**暫停**）

想想所有下在這顆蘋果身上、幫助它長大的雨。

你可以想像這些雨嗎？

這些雨感覺起來怎麼樣？（**暫停**）

想像生出這顆蘋果的蘋果樹。你能想像這棵樹嗎？

它有多高呢？

這棵樹感覺起來如何呢？（**暫停**）

你可以想像樹底下的地球嗎？（**暫停**）

把蘋果拿到鼻子旁邊，它有味道嗎？

聞起來如何？（**暫停**）

現在咬一口。味道怎麼樣？是涼涼的嗎？還是甜甜的？（**暫停**）

聽你吃蘋果時所發出的聲音。（**暫停**）

花一點時間，對這顆蘋果充滿好奇，去感覺一下吃它是什麼感受。

吃完以後，吸氣，再吐氣，然後慢慢睜開眼睛。

運用想像力的視覺化靜心

邏輯能帶你從A到Z，但想像力能帶你到任何地方。

——愛因斯坦

這類型的練習，是為了引導孩子的想像力。就像讀一個故事，你使用文字引導孩子，幫助他們使用想像力，創造出一條通往寧靜的道路。只是簡單地使用意象，就能有效地幫助孩子解除心理上或情緒上的煩惱。在這個寧靜的空間裡，你可以幫助他們想像任何可以讓他們感覺安全、放鬆或平靜的東西。

雖然這是一個想像的旅程，但孩子的身體並不明白，所以會表現得彷彿身歷其境一般。在成人的靜心班上，我會告訴學員，只要憑著想像，就能創造出相應的身體反應。想像他們在吸一顆檸檬的汁液，唾液就會自動分泌。身體信以為真，所以就用更多的唾液來反應。要知道，身體對壓力的反應常常是負面的、憂慮的思緒（見第二章），所以，這個靜心是一個機會，讓孩子去想像一個可以休息的、安全的地方，能夠幫助他們釋放壓力。

「視覺化」這個字可能會造成一些誤解，它的意思像是在說，當你視覺化的時候，僅僅是在「心眼」中看見影像。有些孩子的想像可能不是那麼的視覺化，當你要孩子去想像他們最喜歡的玩具，他們看見的會是顏色或者是細節呢？這些玩具可能是會動的、或是會發出聲音的，孩子們在玩的時候，可能對於觸覺或聽覺有更強烈的感受。所以，與其說是看見這個玩具，不如說他們可能會想像把玩具拿在手上的感覺，或是聽玩具所發出的聲音。視覺化靜心的時候，你可以鼓勵孩子去聞聞草地的味道，而不是看見草地，或者是去聽聽鳥兒歌唱。盡你所能地去探索各種感官，諸如視覺、聽覺、嗅覺、味覺、以及觸覺，是很有幫助的。下面是一個例子。

靜心練習13：視覺化靜心——想像去海邊小旅行

先做呼吸與放鬆練習，然後再做這個靜心。

想像你面前有一扇門。它是一扇大門、還是小門呢？（**暫停**）

想像門上面有一個美麗的門把，很簡單就可以把它轉開了。

當你走出門，你來到了外面，站在一個海邊。

想像天空中的太陽，清澈的藍天，你可以感覺到暖暖的陽光照在你的皮膚上。

現在，你有什麼感覺？（**暫停**）

想像有陣陣微風，微風吹拂著你的皮膚，像是在對你搔癢。

想像你腳下的沙，被太陽曬得軟軟的、溫溫的。現在，在沙灘上走一走。

（**暫停**）

想像鳥叫聲，你可以聽見牠們好像在彼此呼喚，在天空中飛翔。

想像海浪的聲音，你可以聽見海浪向你湧來，然後退去，回到海裡。（**暫停**）

找個地方停下來看海浪，它們潮你湧來，然後退去。每個浪潮上頭都有好多白色的泡沫。看著海浪變得越來越大，然後瓦解，退回海岸。

你在地上看到一個貝殼，它有著美麗的顏色，在陽光下閃閃發亮。

想像你的手指頭在貝殼上遊走。

把它撿起來，你現在有什麼感覺呢？（**暫停**）

把它放到你的耳朵旁邊。你又再一次聽見海浪的聲音，而且更大聲。

你現在有什麼感覺？（**暫停**）

抬頭看看天空。你看到鳥兒們在天上飛，穿越風，飛到任何牠們想去的地方。想像你是一隻鳥，飛翔吧！

你現在有什麼感覺？（**暫停**）

你可以看到海岸邊有個小小的人影，長得跟你一模一樣。

他帶著微笑，向你走來。

他來和你做朋友。

他牽著你的手，你們開始在沙灘上奔跑。

感覺皮膚上的陽光、頭髮上的風。

你覺得自由、快樂、充滿陽光。（**暫停**）

你的朋友跟你說怎麼玩一個貝殼的遊戲，一起玩吧！

多玩一下，你覺得安全與開心。

在這裡，讓孩子聽點音樂，然後花十到二十個呼吸的時間繼續想像一下。

現在，是時候和你的朋友告別了，你下次還可以再來。

向你的朋友說「謝謝」，你很開心能和他做朋友。

你想要的時候還可以來跟他玩。

揮揮手說再見，然後沿著海灘往回走。

你又看到那扇門，一扇魔法之門。

當你打開門，就走進這個房間。

把門關上。

記得你剛剛覺得多開心與多有安全感。

記得你的身體。用腳趾頭敲敲地板，也動動你的手指頭。

吐氣，張開你的眼睛。

使用真言或肯定句輔助

「真言」（或持咒）是靜心時所使用的一個重複聲音或字眼，可用來集中注意力。你可以鼓勵孩子用一個字或是一個句子來靜心，像是「嗡」（Om）；或是一般的字眼，像是「和平」；或者是語句，像是「我很快樂」。鼓勵孩子在吐氣的時候說出來（也可以吸氣時在心裡面說），你也可以要孩子用唱的。五歲以下的孩子練習這個技巧可能會更容易，也更能夠享受其中。

第八章 如何自創靜心腳本

我和先生分開以後，我四歲的孩子有點適應困難。他的行為變得很差，不吃、不睡，還一直尿床。我媽媽建議我和他一起靜心。我照做了，從此我們不再一直回首過去！不到一個禮拜，他又是個快樂的孩子了，而且可以和我分享他的心情。現在我們每天都靜心。靜心實在太美好了！

——家長

好了，現在你的房間已經布置完畢，對於靜心包括哪些活動有了更清楚的了解，也知道孩子學習、練習靜心的好處。下一步，就是要知道在哪些狀況下，你可以帶著孩子進行一個他們能夠享受其中的靜心。這一章將會給你一個概念，以及一些信心，讓你知道怎麼發展專屬於你的靜心，然後有效地把它帶給孩子。和簡單地使用別人的腳本相比，發展一個專屬於你與孩子的靜心，會給你們彼此一個更棒的體驗。

當我教授靜心課時，學員們習慣使用腳本，這讓他們覺得有安全感。有了腳本，他們便能明確地知道要往哪個方向走，也知道自己和孩子將要做些什麼。我知道離開理論、進入實際的練習，可能會讓你有些緊張，所以我想，學著寫一個靜心腳本會是必要的第一步。

創作專屬你和孩子的靜心腳本

你已經知道怎麼開始與結束一個靜心了（見第六章），現在，我要教你怎麼用腳本發展靜心中間的部分或是靜心的「精華」，以便讓你帶著孩子進行一趟內在的旅程。請注意，你可以自己決定中間的部分從哪裡開始（見第七章中各種靜心類型的舉例）。以下是寫靜心腳本時的一些關鍵步驟和階段。

第一階段：靜心的基本步驟

1. 設定方向：你希望孩子在靜心的過程中，以及靜心結束後，會有什麼樣的感受？
2. 選擇一個對象或場景。
3. 你放輕鬆，然後放下。
4. 在你的想像中，運用各種感官探索這一個對象。
5. 使用自我覺察的技巧，幫助你把注意力導向字彙、想法、意象的出處。
6. 逐字寫下來，因為你可能會想要把它唸出來（這很重要）。

接著，讓我們仔細地說明每個步驟。

1. 設定方向

你希望孩子覺得平靜又快樂嗎？你希望幫助他們變得更專心嗎？或者，你希望他們能夠處理一些感覺或煩惱，然後把它們放下嗎？雖然你無法（也不應該）在靜心時控制孩子，你還是可以針對你希望孩子從靜心練習中獲得什麼，來設定一個方向。也許他們會經驗到你所希望的，但如果沒有，就接受他們的經驗帶來的結果。或許你也可以問問孩子，他們希望靜心會為他們帶來哪些感受，如此一來，便可以藉此幫孩子設定他個人的方向。

2. 選擇一個對象或場景

你想引導孩子到一片海灘、公園、草地、或是一個遊樂場嗎？那邊有其他人嗎？你想把焦點放在場景中的一個特定目標，像是海浪、貝殼、樹木、花朵或是邋鞦韆嗎？你想要孩子探索他們想像中的對象，或是使用五感去感受實在的物體，像是一顆石頭或是一小片水果？在這個階段，不需要進入太深的細節，只要一些簡單的起始概念，就能幫助你想像一個場景或目標。很快地，你就能夠發展出一個腳本，描述這個主題，讓孩子在靜心中與它互動。

3. 你放輕鬆，然後放下

這也是你放鬆與扎根的好機會。保持你和大地的連結（透過腳或脊椎），並且注意你的呼吸，讓自己放鬆。設定方向，讓你在每次吐氣時，放掉因為寫這個腳本所產生的緊張感或控制欲；並且在每次吸氣時，讓身體充滿一種寧靜的感覺。這麼做能讓你放輕鬆，也能讓創造力源源不絕！

小祕訣：如果你對於怎麼開始有點掙扎，花一點時間放鬆，注意你的呼吸，把注意力導向目標對象或是場景，並且想像你的額頭充滿了這個靜心的點子（在這裡停留幾個呼吸），注意你看到了什麼，然後把這個點子往下帶到胸部（心輪），留意有哪些意象與感覺開始出現。

4. 運用五感

請記得，為了幫助孩子想像這趟導引的旅程，把他們的覺知帶到各種感官，是很有幫助的。大部分的孩子在使用想像力時，會有「看」的傾向，像是看見花園或花朵，不過你可以將視覺使用得更有創意（像是花朵上有幾片花瓣、或幾種顏色等等）。你也可以融入味覺（花朵或青草的味道）、觸覺（青草柔軟的觸感）、或是聽覺（小鳥吱吱喳喳的聲音）。

有時候你可以使用是非題，像是：「海是否平靜？」你的問題也可以是開放式的，像是：「海有幾種顏色？」混合使用這兩種形式的問題，可以幫助孩子在這個引導式的旅程中，探索他們的感官。

小祕訣：用靜心引導孩子時，你一邊要描述場景或目標，一邊要問孩子問題。覺知到這一點，但是不要過度思考。相信你的直覺即可。

有些感官會比其他的感官更適合於某個靜心，順著感覺走，專注在每一個感官，使用它來發展圍繞著某個靜心主題的腳本。

(1)視覺：透過視覺，你攝入許許多多的資訊。不過在靜心中，你會希望孩子多加使用他們「內在的眼睛」，用一般的說法就是「想像力」。要幫助孩子運用這個感官，你可以請他們注意以下細節：

- 目標對象的體積（大或小）。
- 形狀（圓形、方形、花朵上花瓣的形狀）。
- 顏色。
- 質地（光滑或粗糙）。
- 任何花紋、形狀。
- 花瓣、葉子、花朵的數目。

(2)觸覺：有些孩子對於「感覺」一件物體，可能比「看」一件物體，還來得更自在。所以，納入不同感官的選擇是很重要的，尤其是在有許多孩子的團體裡。你可以請孩子注意以下細節：

- 孩子手中物品的重量（輕或重）。
- 這個東西感覺起來是粗糙或是光滑？
- 這個東西感覺起來是溫暖還是冰冷？
- 這個東西是不是摸得到紋路？
- 這個東西碰到手的哪個部位，或是它放在手中，大小剛剛好？

(3)聽覺：聽覺對於某些對象或場景，可能比其他的目標或場景，更加適用。舉例來說，你通常不會去注意蘋果的聲音，除非你咬一口。用下面的方式來運用聽覺：

- 注意聲音是柔和還是大聲。
- 注意並且跟隨聲音在房間的流向。
- 注意你身體的某些部位是不是可以感覺到這個聲音（像是使用手搖鈴或頌缽的時候）。

- 注意一個聲音，並且數它（像是時鐘的滴答聲）。
- 注意各種聲音，並且一個一個數它們。
- 注意一個聲音，然後將之「命名」。
- 看看聲音——聲波，或者是顏色，或者是實際上創造出這個聲音的東西。

(4)嗅覺：嗅覺是一個非常原始的感官，但不是每個孩子都能輕易地想像它，不過再說一次，每個孩子都不一樣。所以，你可以在某個點納入嗅覺，看看孩子是否可以想像，或是運用靜心場景「創造」出這個感覺。

根據不同的對象或場景，注意味道是甜的、新鮮的、煙燻的、輕的或重的，任何形容詞皆可，只要適用就行。

(5)味覺：味覺只適用於某些特定的對象與活動，不過你可以想像品嚐一顆蘋果，然後注意下面的細節：

- 蘋果是甜還是酸呢？
- 孩子在嘴巴的哪些部位嚐到那些味道？
- 吃東西時發出的聲音。
- 溫度（一顆蘋果可能感覺起來很冰或是很清涼）。

5. 運用自我覺察技巧

當我說自我覺察時，意思是在任何情況下，都要去注意你的身體、心智與感覺，這與「即刻」靜心（見第121頁）和「活在當下」靜心（見第118頁）有點類似。這是一個很棒的、很值得去發展的技巧。尤其是如果你要教導靜心，它能讓你和孩子一樣放鬆和享受，也能讓你學著去相信自己的直覺，選擇你所能使用最美好的字眼或是意象。此外，它也能幫助你了解在靜心練習過程中會產生的一些想法。當我教學員怎麼為自己寫第一個靜心腳本時，我常常給他們一個目標對象和場景，譬如花園裡的一朵花、海邊的一個貝殼、或是草原上的一棵樹。我要他們練習自我覺察，然後逐字寫下他們的靜心腳本。

如果你覺得自己已經能夠自我覺察了，那麼就做做這個練習來驗證一下。第一次練習時，閉上眼睛，讓另外一個人大聲地讀給你聽。

靜心練習14：自我覺察靜心（閉上眼睛做）

閉上眼睛。在每個句子中間暫停幾秒鐘，或是兩個呼吸。

注意你鼻尖上的呼吸。

注意吸氣與吐氣之間，氣息的旅程。練習幾個呼吸。

在一次吐氣的時候，把注意力帶往你的身體。

身體感覺如何？

現在你是什麼姿勢？

試著不要去批評或改變你的身體，只要注意身體怎麼坐著。

和另外一邊相比，身體的其中一邊是不是感覺起來不太一樣？或是比較緊繃？

身體是不是有某些地方比其他地方更緊繃？是腳嗎？還是手臂或手掌？臉？肩膀？帶著想要了解或想要重新探索身體的渴望，給那個部位一點溫柔的注意力。

將呼吸帶入緊張的區域，吐氣時想著「放鬆」這兩個字。

繼續練習，看看會發生什麼事。

你有什麼感覺呢？對於身體的感受，你是不是有點訝異？身上有哪些地方是緊繃的？或是你有沒有注意到自己覺得很累或是充滿活力？這就是我說的自我覺察。我們在這個練習裡注意身體的感受，經常性地去傾聽或放鬆身體，可以帶給你很大的益處。如果你閉著眼睛練習，讓另外一個人對你讀出指示，那麼這個練習會更加的容易。張開眼睛練習會比較難專心（尤其是剛開始的時候），因為我們看著外在的世界，以致減少了對內在世界的注意力。

靜心練習15：自我覺察靜心（張開眼睛做）

請另一個人大聲地讀給你聽。如果你可以看著眼前的地面，放鬆你的視線，雙腳放在地上，坐在椅子上會有助於這個練習。每個句子之後要暫停一到兩個呼吸。

把視線放輕放柔，不要用力凝視。

將周圍的視野都包括進來（從眼睛的邊緣看出去），可以讓視線變得柔和，讓你放鬆。

這麼做的時候，把注意力帶到呼吸上。注意吸氣，注意吐氣。

然後就像之前的練習一樣，跟著呼吸進入你的身體，只是這次把眼睛微微張開。

你可能會發現自己變得容易因為周遭的事物或是動作而分心。每一次分心，就把覺知導向呼吸，然後導入身體，同時保持柔和的視線（使用你的周邊視野）。

一點一點探索你的身體（從頭或從腳開始），盡可能注意和保持覺察。

這個練習是要讓你知道，如何一邊張開眼睛、一邊保持覺察。透過練習，你很快就可以把覺知轉向身體，並且看看身體是不是有任何緊繃，然後鼓勵緊繃的部位透過呼吸來放鬆。

如果你發現自己很容易分心，那也沒有關係，一開始的時候這樣是正常的。這個練習得花上一些時間，不過這是個很棒的靜心，它有下面幾個好處：

- 它能幫助你學習如何放鬆，而且不管在任何地點、與任何人在一起，都可以保持注意力，像是等公車、等紅綠燈、開會、在超市排隊等等。不管在哪裡，重點在於把視線放鬆，然後將注意力轉向內在。你同樣會注意到外在的事情，不過就隨它們去吧。
- 身為一個教導靜心的新手，這個練習可以幫助你發展靜心的腳本。
- 當你在教孩子靜心時，這個方法也會讓你放鬆。孩子對於大人焦慮的能量會有立即的反應，如果你能夠放鬆，他們也會覺得比較自在。
- 這個練習能幫助你順從你的直覺，發展你的內在腳本，所以你的能量將會流向孩子，而不是流向一個寫好的腳本。
- 最後，這個練習能幫助你觀察你的孩子，看看他們如何靜心。如果你閉著眼睛，你的孩子可能比較容易坐立不安，或是去擾亂其他人（如果是在團體裡面）。如果你眼睛張開，他們就會多留意一些，比較安定一點。

小祕訣：如果你在帶領靜心時，開始感到恐慌，只要把覺知帶回呼吸，在繼續下去之前放鬆幾個呼吸。把呼吸想成你的錨，用來讓你把注意力安住在當下。你也可以把呼吸帶到你的太陽神經叢，或是腳或脊椎底部。太陽神經叢連結恐懼的能量中心，所以藉著把呼吸注入太陽神經叢，你就能夠放鬆，把和帶領靜心有關的恐懼放下。腳或脊椎底部與海底輪連結，所以藉著把呼吸帶到那邊，你就會覺得更扎根、更歸於中心、更平靜（見第五章）。

6. 將靜心的過程逐字記錄下來

你已經做了自我覺察練習，但願你可以感受到文字與意象的流動！對於最初的幾個腳本而言，把你的靜心過程逐字記錄下來是很重要的一步，它能幫助你學習這個過程如何運作，並且讓你對於自己的想像力更有信心。首先，逐字記錄能幫你注意出現的詞彙（即便詞彙出現的速度比你寫的速度還快，還是要把它們逐一寫下來），這麼做有助於腳本書寫的第二階段——創造靜心的觸發機制。

要讓想像力運作，你會使用到右腦（左腦負責邏輯性的、線性的思考）。如果你是一個邏輯能力強、實際務實的人，可能需要多一些練習，不過只要堅持下去，想像力就會開始發展。也許在寫完以後，你讀了一次腳本，然後在分析過後又開始進行改動，這就是邏輯的腦在把它拆解成碎片。不過就現在而言，當我們想要和想像力一起工作時，就先把邏輯的心智擱到一邊吧。

發展你對想像力的覺察是很重要的，因為它向你顯示這些字詞與情緒從哪裡來，並且幫助你相信自己的直覺與創造力。當你做這個練習，把焦點放在呼吸上，並且試著在這些字彙與意象出現的時候，去「感覺」、去「看見」它們。

當你從我所稱的「內在腳本」開始教導靜心時，逐字記錄也會幫助你更進一步。理想的狀態下，每次做這個練習時，你都可以選擇一個不同的靜心概念，這麼一來，每次當你要寫一個新「故事」的時候，就能夠順從你的想像力和直覺（而不僅僅只是使用你的記憶力），體驗創作的滋味。

在這個階段，你應該已經有好幾套靜心腳本，並且可以簡單地使用這些腳本，引導你的孩子進入靜心。然而，把腳本一個字一個字唸出來，或者是使用別人的腳本，都不能帶給你最棒的經驗。當你使用靜心腳本時要注意：

- 你可能唸得太快，沒有留足夠的時間讓孩子去反應你所說的話。
- 腳本可能聽起來「太假」，或是靜心的節奏不夠自然，或是太倉促。
- 當你的眼睛看著腳本時，你便沒辦法參與或是觀察孩子。
- 你的能量都流入腳本（或者你的能量在腳本與孩子之間分裂成兩半），因此，你和孩子的連結就減弱了。

從我的經驗來看，當我不使用一個寫好的腳本、而是順從直覺使用「內在腳本」時，課堂上的學生都會覺得比較有連結，也比較有參與感，就好像靜心的速度、語調與節奏有符合他們的需求。最後，你會知道如何發展你的內在腳本，但是在那個階段之前，你必須先發展一些靜心的觸發器。

第二階段：發展靜心的觸發機制

發展觸發機制，可以幫助你克服「不」使用腳本的焦慮。要發展觸發機制，可重讀你寫下來的腳本，然後試著把它縮減到小標題，僅僅留下靜心的步驟。這些步驟會變成你的觸發機制，幫助你記得靜心該怎麼流動。不要使用太長的句子。在靜心中，每個觸發機制最多只要三個字，用來幫你記得步驟是什麼即可。舉例來說，如果你在靜心的某一部分這麼寫：「有一條碎石子小徑，它通往森林，而當你走到陰影下面的時候，你可以感覺空氣變涼快了。」我會選擇以下這三個字眼：

- 小徑
- 森林
- 陰影

這麼一來，你就知道怎麼利用這些字眼來創造出一張你將要描繪的圖片。如果你相信自己的直覺，你可以只留下「森林」來讓你知道該怎麼引導孩子。

一旦你寫下代表整個腳本的步驟，就可以用它們來練習引導靜心。在想像觸發的字眼時，一邊使用自我覺察練習，能幫助你進入想像。記得，這不是要寫出最優美、最令人驚歎的腳本。在這個階段，重要的是練習，相信自己，同時保持覺察。

靜靜地坐著，讀一個腳本上的觸發機制。想像這個字充滿了你的額頭，然後往下來到胸部，在那裡停留幾個呼吸。把注意力帶到自我覺察（見155頁），注意當你考量觸發機制的時候，感受到哪些文字、意象或是感覺。現在，把它們大聲的說出來，就好像你在對孩子說一樣。這是發展你「內在腳本」的開端，和寫一個腳本的步驟一樣，只是這次省略了「寫」的部分。當你注意每個觸發的字眼，保持覺察，繼續跟著呼吸進入身體，讓你自己放鬆。

小祕訣：如果你變得焦慮，或是腦中「一片空白」，那是因為你從想像力（右腦）裡頭溜出來，進入了邏輯思考（左腦）。只要停下來，把注意力帶到呼吸，跟隨你的呼吸，隨著每次的吐氣放鬆身體。依照你的需要多做幾次呼吸，然後在放鬆的狀態下回到觸發機制，並且看看有哪些東西從想像裡跳出來要你去描述。

當你在引導孩子靜心時，你的自我覺察練習是相當重要的。這和你是資深的靜心者或是初學者有關。它能讓你享受靜心的經驗，而沒有任何強迫的感覺。事實上，你會注意到，你練習得越多，就越能夠相信你直覺、創造力的頭腦，而不會過度思考。教導靜心的「過程」對你來說，就像你和孩子一起體驗的間接靜心。

第三階段：發展你的內在腳本

一旦你的靜心觸發機制已準備就緒，並且也練習過幾次，你就已經準備好，可以開始嘗試沒有觸發機制或腳本的靜心了。我把它稱為發展你的「內在腳本」。以此方式帶領靜心，對你和孩子都有許多助益，你將會使用適合他們需求的文字、意象、還有想法——身體上的、心理上的、情緒上的，以及能量上的。對你來說，好處是，當你主動做某件事情時，在當下學著去信任。一旦你學著這麼做，你就能夠在任何時候、任何地方重複地實作。

你的腦中已經知道這些步驟，現在試著去感覺它們，把它們帶到胸部（你的心輪），去**感覺**它們。讓它們充滿你的胸部，當你覺得準備好時，描述你在想像之中感覺到什麼或看到什麼。有需要就暫停一下，給自己一些時間自我覺察，並且保持平靜。然後，繼續帶著你自己一步一步地走過「內在腳本」，和它的流動保持同步。

當你和你的內在腳本實際互動時，你會發現你從某個想法或「計畫」出發；但是當你真的帶著孩子靜心，計畫往往會改變。這很常見，因為你感覺到某些字詞，所以你就照著感覺說，而不是把感覺關掉、轉而思考這些字詞。這樣的改變不是一種邏輯上的決定，而是一種感覺，這樣的感覺給了你一些字詞，而它們恰好完全適合你的孩子，因為你的能量與他們的連結在一起。當你透過直覺工作，就好像你在一個池塘，當水面起了漣漪或波浪，你就能感覺到。當你注意這些漣漪時，直覺就給了你一些適合的字詞來讓波浪平息。如果孩子以這種方式被引導進入靜心，靜心就會更寧靜、更平和，而且更對應他們的需求。

你練習得越多，就越能夠放手；你越能夠放手，就越能夠信任創造內在腳本的這個創造性的、直覺式的過程；你越能信任，它就越能自然的流動，你也就越能夠感受周圍的孩子，並且和他們連結。你練習得越多，就越來越不需要觸發機制。在你意識到這點之前，你就以一種自然的渴望進入靜心的練習裡，接下來就看看到時候會怎麼發展了。

先錄音，再跟著孩子一起做

如果因為你對靜心還不熟悉，覺得一開始壓力很大，也沒有自信使用內在腳本來實作，那麼你可以參與孩子的靜心，你們兩個可以一起學習。你可以把腳本錄音下來，或者使用我在書中建議的其他方法。或者你可以請另一個大人使用寫好的腳本來引導靜心，這麼一來，你就可以加入一起做了。

不過，理想的狀況還是希望你可以試試看我列出的步驟。在我的課程裡，我看過很多完全的新手，或是沒自信可以照著步驟做的學員，不過神奇的是，這也是我的榮幸，看著他們在短短的時間之內就建立了信任與創造「內在腳本」的能力。

持之以恆地練習

但願你會找到適合你計畫表的時間，並且和孩子規律地練習這些靜心技巧。你可以選擇每日的練習、一分鐘的即刻靜心、試試看最簡單的技巧（像是注意呼吸或聲音）、或是選擇更長一點的引導式靜心。將這些技巧運用在孩子的日常作息中（刷牙、洗澡、梳頭髮），能讓他們知道該怎麼怡然自得。這些技巧也能夠作為一個工具，只要他們有需要的時候（考試或上學的焦慮），都能主動運用。

你可以參考這本書，把它當作一個有用的起點，不過還是要讓你的創造力源源奔流。如果你試過某些技巧後，覺得不自在，那麼就改變它！重要的是，你自己要能夠享受與放鬆，這樣孩子才能樂在其中並放鬆。

當你經常陪伴孩子練習，會發現，你和孩子之間形成了一個平和的能量連結。你也可以開始建議孩子自己練習，能夠選擇運用正念與靜心來度過每日生活中的壓力時刻，這將會帶給他們更多的力量。

第九章

教導孩子靜心的要訣

我是一個小學的行政主管，學校的同仁都知道我有練習瑜伽和靜心。五年級的老師對佛學有興趣，便要我示範給他們看。所以我帶著線香、藏傳佛教的碰鈴和音樂，帶領他們做了一次靜心，結果他們好喜歡！最令我訝異的是，有些感覺起來「不太隨和」的人也喜歡，說這很「酷」，有機會的話想要再試一次。一位帶著孩子一起來參加的家長告訴我，他的女兒受到很大的影響，甚至想要在家裡布置一個用花朵圍繞的圓圈，這樣當姊妹惹她生氣時，她就可以坐在裡面靜心了！

——學校教職員

我曾經開設過一個教導成人帶領兒童靜心的班級，這本書的寫作就是以此為依據。第一次要在其他人面前帶領靜心，會讓許多大人感到相當害怕。你也深有同感嗎？你可能會因為想把靜心帶領得完美無缺，因而覺得有一點壓力。有這種感覺是很正常的，這一章會讓你知道該怎麼放下追求完美的壓力。試著記住這點，不管孩子在靜心的當下或是靜心之後有什麼感受，都是屬於他們個人的體驗，無須以對錯來衡量。在理想的狀況下，如果你越能溫和地引導孩子靜心，並且順其自然，孩子就越能找到自己的道路，也更能從他們的經驗中學習與獲益。

和孩子一對一靜心實作

帶領孩子靜心時，如果你能夠溫柔地看著、觀察他們，是最好不過了。讓孩子知道你就在旁邊，無論如何都會照顧他。假如孩子一開始有抽搐、微笑、皺眉、或是扭動的現象，試著不要表現出他們好像做錯了什麼事情，只要順其自然、繼續觀察即可。最好一開始就讓孩子知道，任何時候如果有不舒服的感覺，只要告訴你，你就會停下來。或者，你也可以在靜心的過程中讓孩子知道和你在一起很安全，你會保護他，這樣的提醒會給孩子更多的鼓勵。

和一個孩子練習靜心，可能沒有像和一群孩子一起實作那麼嚇人，你也能夠付出比較多的時間和空間在一個孩子的進展上。和孩子一對一靜心實作能讓你們坐在一起，安靜地聊天。我會建議你們兩人面對面的坐在同一個水平上：如果他坐在椅子上，那麼你也坐在椅子上；如果他坐在地板上，你們就一起坐在地板上。

你也可以在嘗試某些技巧的時候，和孩子手牽著手。像是當我和三歲的姪子靜心時，應他的要求，我就盤著腿，讓他坐在我的膝蓋上。

帶領團體孩子們一起靜心

理想的狀況下，團體裡孩子的年齡最好都差不多。小一點的孩子，保持注意力的時間比較短，而且在靜心時會需要比較多以觸感為主的技巧，如果年齡的差距太大，你在帶領靜心時，就不得不考量到較小孩子的專注力與理解能力，而這可能會讓大一點的孩子覺得無聊。

我認為，理想的團體大小最好在十二個孩子以內，雖然這在學校裡不太可能，因為一個班級的人數總是會超過這個數字。團體越大，靜心的時間就要越短，這樣才可以照顧到注意力持續強度不一樣的孩子。我的建議是，一次靜心從一分鐘至十分鐘都可以，一天之中可以重複幾次，讓這樣的練習成為一種正面的習慣。當孩子對靜心越來越熟悉，你就可以把時間拉長。要讓一個大團體安定下來可能要花上一點時間，所以在團體變得更加熟練之前，最好從較短的靜心開始。

當一個團體有十二個以上的孩子，靜心可能就會在體育館或是教室進行。我在各種不同的情況下教導過靜心，我發現，對於較大的團體來說，改變環境的氛圍是個好主意（見第四章），這樣能為你接下來要做的事情設定一個基調。如果要孩子把鞋子脫掉、盤腿坐著、躺著，不是那麼容易做到的話，那麼至少改變一下燈光，點個蠟燭，讓他們知道有一些變化發生了。對於大團體來說，靜心可能只是簡單地把注意力帶到呼吸上，放鬆身體，或是使用孩子們喜歡的顏色進行「色彩靜心」，這些都是很適合大團體的方法。以下是一個簡單的色彩靜心腳本，在暫停的時候，記得停留一到兩個呼吸。關於如何發展你自己的靜心腳本，詳見第八章內容。

靜心練習16：色彩靜心1：大泡泡靜心

閉上眼睛，想像你正坐在一個好大的泡泡裡面。

這是一個「專屬於你的」泡泡。

沒有人可以進來這個泡泡，除非你說可以。（**暫停**）

想像一種顏色。看有什麼顏色從你的腦袋裡跳出來，或是你感覺到什麼顏色。

想像泡泡裡的空氣開始變成那個顏色，那是一個好可愛的顏色，它讓你覺得好安全、好開心。（**暫停**）

想像你面前的空氣變成那個顏色。（**暫停**）

想像你左右兩邊的空氣變成那個顏色。（**暫停**）

想像你背後的空氣變成那個顏色。（**暫停**）

想像你頭上的空氣變成那個顏色。（**暫停**）

想像你下面的空氣變成那個顏色。（**暫停**）

這個顏色感覺起來好安全、好幸福、好溫暖。

現在，你的泡泡裡充滿了這個顏色。（**暫停**）

當你吸氣時，想像你把這個顏色吸進來。

想像這個顏色在你體內流動。（**暫停**）

每一次當你把這個顏色吸進來，就覺得更安全、更輕盈、更快樂。

想像你自己就好像一顆氣球一樣，充滿了這個顏色。（**暫停**）

現在，這個顏色圍繞著你，充滿著你，你覺得更安全、更輕盈、更快樂。
注意你現在的感覺。（**暫停**）
當你吐氣時，輕輕地睜開眼睛，注意你有什麼感覺。

和一大群孩子一起靜心時，如果你可以安排一些特定的時間點讓孩子選擇性地加入，也會有幫助。這樣能讓團體維持在比較少的人數，而孩子選擇加入的行動，也會變成一個積極的、重要的指標，讓你知道他們主動想要嘗試靜心。

安排進度

什麼時候是最好的靜心時間？最好的時段是同時適合你和孩子，而且可以讓你們規律練習的時間。沒有必要定下一個嚴格到你都沒辦法遵守的時間表。靜心的價值來自於練習，如果你覺得自己一點時間都沒有，那麼就試試看短短的覺知靜心（把注意力帶到呼吸上，詳見第91到102頁內容）。持續的練習，直到你和孩子覺得安定許多，而且準備好進行再長一點的、適合你們時間表的靜心練習。

你可能會選擇在睡前練習。睡前靜心是相當有用的工具，可以幫助孩子解開一天的糾結，尤其是如果孩子有睡眠問題的話。當孩子在床上躺平的時候，你就可以進行這個練習，這對他們來說是很好的入門方法。不過，最好也在其他時間將靜心與其他活動結合。如果孩子學著在任何時候都這麼做，一天當中只要他們感受到壓力，就可以自己進行靜心了。

練習規律靜心的時候，如果你找一個你和孩子都可以的時間，你們就比較有可能持續下去。如果你覺得你們有十分鐘以上的練習時間，那麼就開始試著每個禮拜、每兩三天、或是每天都練習。如果你想做一至三分鐘的簡短練習，那麼就每天或每兩天練習一次。用簡短的練習來開始或結束一天，能讓你和孩子恢復平衡。如果你們兩人都享受這個過程，就可以再增加練習的頻率。不要為了做而做，你要能夠享受它，確保這件事不要變成一項例行工作。只需記得，規律的練習確實會帶來改變。在你和孩子還沒找到一個彼此都覺得自在的時間以前，就以一種遊戲的心情去試試各種時間安排和靜心的概念吧。

安排時間

在帶領成人或兒童靜心時，有個重點：一開始慢慢地進行簡短的靜心，之後再逐漸把時間拉長。在第十章，針對不同注意力強度以及不同年齡層的孩子，我會在教法上做出建議。

調整姿勢

靜心的時候，身體姿勢相當重要。不管孩子是躺著、盤腿坐著、或坐在椅子上，都要強調他們和大地的連結。如果他們坐在椅子上，但是腳跟沒有辦法平放在地上，就給他們抱枕或是毯子，讓腳跟可以著地。關於這一點，可以在本書關於身體的能量中心，以及扎根如何幫忙集中注意力與放鬆的小節，看到更詳細的說明（見第82頁）。

如果你和大一點的孩子一起靜心實作（七歲以上），最好是坐著練習，因為躺著的話，孩子會比較容易睡著。

穿鞋或脫鞋

我在帶領靜心時，都會要求學員脫鞋。這是一個訊號，告訴身體和頭腦，我們要來做點不一樣的事情，最後會導向放鬆與靜心。不穿鞋子，觸覺會變得更有用、更有效，能幫助我們的能量扎根。如果孩子的腳會冷，就把襪子穿上。

睜開或閉上眼睛

當孩子在靜心與放鬆時，我總是建議他們閉上眼睛。這是為了要關閉透過他們的視覺而進入大腦的資訊，不斷地告訴他們關於這個世界的種種。最好先把這樣的刺激關上，這樣我們就可以進入內在比較安靜的地方。

有時候，孩子會覺得閉上眼睛很困難，因此我會小心不要變得太獨裁，試著去感受孩子，並且尋找其他替代方案。我發現，如果孩子過去有創傷經驗，或只是因為怕黑，他們便無法閉上眼睛。會有這樣的問題，通常是因為缺乏信任，以致沒有安全感。如果你遇到這種狀況，請他們眼睛半開，看著身體或是雙腳前方的地板；並且請他們將眼光放柔和，讓眼睛與全身的肌肉都放鬆。你可以要他們從眼睛的「兩邊」來看，而不是直直地看出去。使用周邊視覺可以幫助放鬆。

你可能會發現在靜心的過程中，或是在之後的靜心課程裡，他們自然而然地閉上了眼睛，這是一個信號，說明他們開始信任，並且覺得安全了。請讓他們找到自己的方式。如果躺著，可以要他們看著天花板的一個點，但是要記得請他們將視線放輕柔，並且使用周邊視覺。你也可以看見孩子的好奇心，一開始他們會閉上眼睛，但是之後會打開眼睛偷看一下。不要因為這樣讓自己分心，繼續和他們說話，輕輕地用手勢要他們閉上眼睛。孩子可能只是需要確定一下他們在哪裡、你在哪裡，如此而已。

運用想像力

講到運用想像力的時候，大人可能比孩子還難教！身為大人，我們總是在「想」，但是常常只用到左腦來分析、批評與煩惱。孩子們通常和右腦有比較強的連結，右腦連接了創意、想像的部分。通常孩子越小，右腦就越發達。所以在使用意象與想像力作為引導時，和孩子一起實作可能會比和大人來得容易。請注意，有些孩子可能在運用想像力時有些困難，或是有些年紀較大的孩子，他們的頭腦已經變得「邏輯化」，這時候，可能就要用其他適合的方法，也許是用一種比較具有觸感的方式開始。

下面是一個邏輯腦的例子。如果我要你（或是一個具有邏輯腦的孩子）去想像一扇門，然後走過去，你的反應可能會是：

- 想一扇你看過的門（比如說你家的大門），而不是一扇想像的門，接著你的邏輯腦可能會帶你回家，而不是跟著我的引導走入靜心的旅程。
- 想一扇想像的門，但是接著就開始質疑這扇門的存在。
- 開始被這一天所產生的念頭帶走，忘了去想像一扇門。

如果我要小一點的孩子，或是有創造力的孩子，去想像一扇門，然後走過去，他們通常都可以輕易地想像這扇門（用看的、用摸的、用感覺的）。小孩都很願意「玩」，也願意想像，所以，我們可以使用顏色、字詞、意象、物體、還有許多其他東西來運用創造力。如果你說「有一匹白馬」或是「你在一個花園裡」，接著，一般來說，他們就可以在想像中看到或感覺到它。因此，教導孩子靜心變成一件有許多樂趣的事，它給你一個機會讓你也去開發你的創意。對於比較具有邏輯性的孩子，我會建議你經常地說：「保持好奇，讓你的想像力去運作。」鼓勵他們把對邏輯的「緊抓」放掉。

請注意，當你在作想像力引導時，尤其是對年紀還小的孩子（六歲以下），你必須確定他們知道什麼是「真的」，以及什麼是「想像的」，這兩者的區別。孩子還在成長，他們不一定總是知道現實與想像的分別。舉例來說，如果你引導他們進入視覺化的飛行，你可能會希望給他們一些安全的意象，像是坐在魔毯上飛翔、或是爬進一架飛機裡，而不是僅僅要他們相信自己能飛。在練習結束之後，這也是你要和孩子加以澄清的，讓他們知道在這趟旅程中，他們所「拜訪」的地方是一個想像的地方，他們是在自己的想像力之中飛翔。

善用語言技巧

和孩子一起靜心時，大部分時間都要使用他們可以理解的語言。我們或多或少都知道，引導孩子靜心的時候，如果像帶領成人靜心一樣使用複雜的或是「深奧的字」，是沒有幫助的。然而，我的一個學生（一位學校老師）告訴我，偶爾使用「深奧的字」是沒有關係的，因為這是孩子學習與發展的一部分。

當你引導孩子時，如果你提到一朵特定的花，舉例來說，一朵水仙花，他們可能不知道這朵花長什麼樣子。這時，你可能會開始描述花的顏色、花瓣的形狀、花莖的大小等等。然而即便孩子認識水仙花，也要他們使用味覺、視覺、觸覺，讓這朵花在想像中綻放。

身為家長或老師，你應該已經知道你孩子的認知程度，所以，請依此去修改引導式的靜心。關於該怎麼調整語言技巧，以下有一些例子提供參考。

成人	兒童
「認出你的想法，把它們放下。」	「在這個片刻，把你的想法吹走……」
「將注意力帶到呼吸上。」	「感覺你的呼吸，它從你的鼻子進去，再從你的嘴巴出來。」
「想像一條小徑往山上延伸。」	「往地上看，你會看到一條小徑。你跟著這條彎彎曲曲的小徑，一步又一步，在山裡漫遊。」

留意說話的速度

大人帶領孩子靜心時，最常犯的錯誤就是講話速度太快。這通常是因為緊張，或是對於沉默的恐懼，我們在閒談時總是習慣把對話填滿。在你引導孩子靜心的時候，不要急，給孩子時間去接收你所說的話，特別是如果你問他們問題，像是「你現在感覺如何？」當你這麼說時，做一、兩個深呼吸讓你自己也暫停一下，這樣能讓你保持冷靜，並且維持一個適當的速度。當你問孩子現在感覺如何，也給孩子一個機會，讓他們去注意是不是有什麼想要釋放的感覺，或是去感覺自己現在有多麼開心。使用溫和的命令和問句，像是：「繼續聽我的聲音。」或是：「你的身體感覺如何？」這能幫助孩子回到當下，知道自己在哪，也注意到自己在這樣一個寧靜的地方有什麼感受。所以，請不要害怕沉默！

處理周圍的噪音

除非我們住在月球上，否則在靜心的過程中，各種噪音與聲響都是難以避免的，所以我們得試著去接受它。然而，和孩子相比，大人比較容易被噪音干擾。

我常常在學校裡看見這種狀況，當我在帶領靜心時，廣播發出聲音，上課鈴或下課鈴響，但孩子就只是繼續他們的靜心，好像沒有事情發生。這真的相當神奇！這讓我明白，孩子可以面對噪音，所以，孩子靜心的環境不一定要完全地安靜。嚴格說起來，一點點的噪音也是一種慰藉，讓他們知道真實的世界還在那裡。如果你住在一條繁忙的馬路旁邊，或是住在一個忙碌的家庭裡，很有可能會讓你習慣這些聲音。

重要的是，帶領靜心的時候，你自己也要放鬆，不要因此分心。你一緊張，孩子從你說話的音調與速率就會知道（即使他們的眼睛閉著）。所以，當你要孩子的身體放鬆，你必須先試著讓自己的身體放鬆，把雙腳放在地上，讓能量聚焦，同時扎根，並且放鬆你的呼吸。

如果你有機會和孩子坐下來嘗試這些練習，要確定沒有人會打擾你們。雖然孩子可以面對噪音，不過如果外頭突然有巨大的聲響，或是有人衝進你們正在靜心的房間，在這種狀況下的確很難放鬆。所以，請確定家裡的其他人不會打擾你們，可以在門上放個告示牌，並且把手機關機。

如果你覺得孩子受到噪音影響，你可以簡單地說：「注意這些聲音，然後讓它們走開。」接著再將孩子引導回靜心的過程。

和孩子一起投入靜心練習

這裡有一些小提示，能夠幫助你和孩子發展靜心練習：

- 注意你的速度。一旦你開始緊張，講話速度就會變得太快，你的孩子可能會聽不清楚，所以記得將句子多重複幾遍。另外，孩子可能也需要時間來調整、感覺、看看你要他們體驗的事物。
- 記得呼吸，呼吸會幫助你放鬆。
- 沉默沒有關係，允許沉默的片刻存在。
- 保持扎根。感覺自己歸於中心，相信自己會說出適當的話語。保持雙腳或是脊椎的尾端碰觸地板。
- 你可能會犯錯，但是就算犯錯也不要驚慌失措，孩子可能並不會注意到。如果你因此分心，相信我，你就真的是犯了一個錯。

- 接受噪音。如果外面有噪音，不要去理會它，這就是人生！
- 如果你覺得自己有點蠢或是不好意思，接受它，並且想想你教給自己和孩子很棒的技巧。
- 你的孩子可能會動來動去，對某些孩子來說這很正常，所以，請用你的話語引導孩子停下來，或是把雙腳放在地上。
- 如果你覺得慌，可能是因為你沒有扎根或是忘了呼吸，所以，請確定你的雙腳踩在地上，並且注意你的呼吸。
- 團體的能量就像雞生蛋、蛋生雞的橋段，當孩子平靜，你也會平靜；而當你平靜，孩子也會平靜。讓你的語調保持柔軟和輕鬆，然後緩慢地、溫和地進行練習。

父母在教導靜心中的角色

我發現，教導大人靜心和教導孩子靜心有一些不同。如果我說教孩子靜心比較容易，或是教大人靜心比較容易，那是一個誤會。成人和兒童有各自的挑戰，而從我的經驗來看，沒有哪一種方法是完美的。身而為人，無論是什麼年紀，我們都有著獨特的心智和情緒經驗。也許你靜心有好長一段時間了，但是從來沒有教過別人怎麼靜心，或者也許你才剛接觸靜心。教導靜心其中一個美麗的面向就是，當你在教的同時，你也在這個過程中學習。

如果你是一個資深的靜心者，你會學著如何去實踐一個活生生的、會呼吸的靜心，用你覺得適當的語言（不用腳本），引導你的孩子。如果你沒什麼靜心的經驗，那麼就在教學過程中，學著順其自然以及自我覺察（對你的身心來說，這也是一個很棒的技巧）。不管有沒有經驗，這是學習信任的一步：相信你自己，相信生命，也相信你的心。對你和孩子來說，這將會是一種深刻的體驗，以及一段美妙的過程。

順其自然的觀察與接受

最好的領導者，讓人感覺不到他的存在。當他的工作完成了，當他的目標實現了，人民會說：「這些都是我們自己完成的。」（太上，不知有之……功成事遂，百姓皆謂我自然。）

——老子

在信心中踏出第一步。你不需要看見整個階梯，只要踏出第一步。

——小馬丁．路德．金恩（Martin Luther King Jr.）

靜心不是父母用來控制孩子的方式。當家長或是教導學生都是一個持續的學習過程，也是一個非常具有挑戰性、然而也有許多收穫的經驗。靜心是一個**非常個人化**的選擇，你可以溫和地引導孩子，但是不能強迫他們靜心，這樣就完全違背了靜心的本質——順其自然，並且培養對於內在直覺的覺知。

通常孩子會聽你的，並且信任你，所以他們會做你想要他們做的事。如果你們一起靜心，至少他們會想要模仿你。

如果你想和孩子一起靜心，但孩子卻不想，問問他們原因，或許你可以調整一下靜心的內容來適應他們的需求。如果他們強烈地拒絕參與靜心，那麼就順其自然吧！可能是時機不對，或是也許靜心對他們而言並不是對的方法，同時你也可以考慮動態的靜心，像是太極拳或瑜伽。或者你也可以讓孩子參與選擇的過程，看看靜心是不是有一些角度是他們願意試試看的。與其問他們：「要不要練習靜心？」不如問他們要不要嘗試呼吸或是色彩的遊戲（只給他們兩個選擇，讓事情簡單一點）。藉著給孩子選擇，當他們選了適合自己的方法，通常會覺得自己擁有某些自主權。大人常常會覺得孩子知道得很多（通常我們都這麼認為），但是就靜心來說，它是那麼個人化的旅程，因此，我們必須尊重每個個體（包括每個孩子），讓每個人為自己作出選擇。傾聽孩子的聲音，鼓勵他們練習讓他們覺得快樂的方法。如果他們能夠樂在其中，當他們有自己的時間與空間時，就會比較願意自己練習靜心。

在教孩子靜心時，身為大人的我們，常常會期待孩子「應該」有什麼樣的表現。試著把這樣子的期待放掉，是很有幫助的。靜心沒有「應該」怎麼樣的問題，它僅僅是一種解除制約的途徑，去試試看不同的技巧，然後看看有什麼結果。對於孩子將會怎麼體會靜心，請試著放下你的期望，同時保持孩童般的好奇心。當你教孩子靜心，要知道孩子也在教你如何放手，同時保持「冷靜」，和他們一起待在當下的片刻。

我們選擇和孩子一起練習靜心技巧，常常是因為我們希望將寧靜帶入他們的生活（以及我們的生活）。靜心的好處，使它成為一劑非常具有吸引力的生活壓力解藥。對孩子而言，靜心也會是一項終生的技能，讓他們可以進入寧靜、快樂與自尊自重的感覺。不過你要了解，雖然這是你為孩子預設的方向，但它並不是最終的結果。當你預設一個意圖，你就認同於你對孩子的期望，希望他們將會怎麼想、怎麼感覺。然而重要的是，你要接受他們的體驗，並且對結果順其自然，因為這些體驗反映了孩子在那個片刻的能量狀態。

和孩子一起靜心時，把它當作一趟旅程。與其把注意力放到終點（目標）上，不如聚焦於我們選擇和孩子一起朝著某個方向（意圖）前進，然後注意踏出去的每一個腳步，以及過程中的體驗（靜心）。你可以設定自己的意圖，不過注意不要對於孩子在靜心過程中應該怎麼表現有所期待。如果孩子咯咯笑，或是打哈欠，扭來扭去，或是覺得難過，都沒有關係。讓他們體驗，順其自然吧！

靜心的時候，孩子的身體可能會坐立難安，你可以溫和地鼓勵他們好好坐著，即便他們還是沒辦法坐好，去覺知，這就是屬於**他們的**體驗。就我的觀察，當孩子覺得自己被控制了，他們會立刻產生反抗。如果有個人用溫和的方式引導你靜心，而不是試著要去控制你，想想看，你會有什麼感覺。這樣的同理心會為你帶來完全不一樣的感受。當我第一次帶領兒童的靜心課程，有些孩子（五到六歲之間）開始翻滾，真的讓我嚇了一跳，讓我開始懷疑這個活動是不是對他們沒有幫助。然而，後來這些孩子給我非常有趣的回饋，告訴我，他們感覺到什麼以及看到什麼。我因此了解，關於人們在靜心中應該有什麼樣的體會，我應該克服自己的成見，讓一切如是。這一個特別的孩子團體，來自非常具有挑戰性的背景，因此，他們坐立難安的表現可能反映了他們在日常生活中，能量是怎樣地受到擾動。

即使你每次帶領靜心都使用同樣的方法，孩子每次的體驗也不見得會一樣。沒有人每一天或是每個片刻，都帶著同樣的念頭或同樣的感覺，我們總是持續地在學習、改變與發展。因此，當我們嘗試同樣的靜心，我們還是會產生不同的想法、情緒、或是身體反應，因為靜心能幫助我們回歸平衡。有時候，帶孩子靜心感覺起來很容易，有時候卻很困難。靜心可以紓解身體與情緒的緊張，表現出來可能是某種疼痛的感覺，或是對於負面或忙碌思緒的覺察。這不意味著靜心「沒有用」，而是它給孩子一個機會去處理、釋放感覺，這樣才能學著放手，才能在最後覺得更寧靜。

順其自然、觀察和接受，這三個基本步驟能幫助你和孩子共享靜心時光，深化你們對於內在寧靜與祥和的體驗和感覺。當你開始擴展你對於靜心的覺知，你就能開始順其自然，和孩子一起享受靜心和正念的遊戲，沒有任何期待，只是簡單地活在當下。

第十章 引導不同年齡層的孩子靜心

我的孩子五歲時，我就開始教他們靜心。現在他們都長大成人了，每天還是會自己靜心。我的女兒現在也教她音樂課的學生靜心。

——家長

我開始教靜心的時候，以為只有某個年紀以上的孩子才能受教，因為孩子的理解力、注意力、能量水平都受到限制。不過後來我的想法改變了，靜心和正念遊戲適合所有年齡、能力不一樣的孩子；重點在於將靜心的內容稍作修改，這樣就能適應不同孩子的需求。

請注意，以下針對不同年齡層孩子所做的時間表，包括了呼吸靜心實作、放鬆，以及將孩子帶回當下的練習。

嬰兒

嚴格來說，靜心的不是嬰兒，而是抱著他們的人。當大人自己的能量安定下來，同時輕輕地抱著或撫摸嬰兒，嬰兒就會有所回應。在下一章，我會有更詳細的說明。

學步兒（一至三歲）

對學步兒來說，靜心有兩個益處：幫助孩子練習集中注意力，以及幫助孩子在睡前放鬆下來。這裡的靜心比較像是專注力的遊戲，比如說，用一種帶有觸感的方式去注意呼吸（像是把雙手交握放在嘴巴與鼻子前面，要孩子在吐氣的時候發出聲音），或是隨著呼吸移動身體（把手臂舉起和放下），隨著呼吸伸展和蜷曲身體，使用節奏，使用顏色（把孩子「用顏色包起來」），使用觸覺（撫摸孩子的頭，然後往下一路到腳趾頭，這能幫助孩子的能量扎根）。

這個年紀的孩子，注意力持續的時間從一分鐘（可以經常地重複）到五分鐘不等。

我和我的姪子會在睡前練習。我們練習漸進式的肌肉放鬆（見第214頁），幫助他集中注意力與放鬆，接著會做一個簡短的色彩靜心，最後是一趟到海邊的小旅行（見第140頁）。

幼兒（四至六歲）

幼兒的靜心通常會比較短、比較集中，並且會花一些時間進行觸覺式的放鬆。通常幼兒對於引導式靜心中的「故事」，或是你帶著他們進行的旅程，會有比較多的興趣。靜心能夠帶領他們進入一個寧靜、安全的地方，讓他們覺得輕盈、快樂。記住，幼兒還沒有邏輯上的抗拒，因此，他們的想像力隨時都準備好進入一趟引導式的旅行。

一般而言，幼兒的靜心最多可以持續十五分鐘。

我在當地的小學帶領過一個大約六歲的團體，我注意到他們一直亂動、轉身，所以我要他們躺下，伸展四肢，幫助他們放鬆。我使用了色彩靜心（見第175頁）讓他們放鬆身體，然後進行了一趟魔毯的旅行，帶他們去一個安靜的地方，在那裡，他們可以盡情地探索、遊戲。姑且不論這些扭動與轉身，之後我要孩子分享他們的旅行，每個人都描述了他們從未體驗過的地方和顏色。

兒童（七至十二歲）

要將這個年齡層的孩子歸類，有一點困難，因為他們所知道的、所學到的、所理解的事情，已經有很大的差異。有些十二歲的女孩，可能在情緒上或生理上的發展，早就超過她們的年齡。引導式靜心是一個很棒的方法，能讓孩子解除煩惱，讓他們的能量變得更輕盈、更自由（比如說，想像他們把石頭丟到池塘裡，每個石頭都代表著一個煩惱；把煩惱的包包或箱子從飛機上丟出去，感覺飛機越來越輕，而且飛得越來越快）。和兒童一起坐著靜心，使用西藏的碰鈴或是頌缽，能夠很有效地平衡他們的能量。把一些字詞帶入練習中，像是「寧靜」（吸氣的時候），還有「和平」（吐氣的時候），可以幫助他們保持專注和冷靜，他們自己平常也能這樣練習。

透過練習，這個年紀的孩子可以在較長的靜心中，保持至少二十分鐘的專注力。

我在當地的小學，和一群從來沒有靜心經驗的孩子一起實作。我要他們盤腿坐著，我們花了一點時間透過呼吸來保持覺知與放鬆。我也要他們把手握住，結成扎根手印（大拇指和食指碰在一起，見243頁圖2），然後帶他們進行一趟旅行（如上所述），概念就是將一整包的煩惱從飛機上丟下去，讓他們覺得更輕盈、更寧靜。在靜心的尾聲，每個孩子都說他們覺得好平靜、好開心。

青少年（十二歲以上）

我教我的孩子靜心。靜心幫助他們通過考試，而呼吸的練習對他們很有幫助。

——家長

在這個時代，孩子們似乎更懂得外面的世界，也更加地意識到時尚這件事，這在我小時候是沒有的。孩子們過度地暴露在市場競爭下，這可能要歸咎於媒體。不過，你要知道，一個孩子要蛻變成大人，在情緒上、生理上、心理上並不容易，特別是對於這個年齡層的孩子來說。練習透過呼吸來保持覺知，學著減輕焦慮或是放鬆身體，對於維持他們思想、情緒與身體的平衡，都是很重要的。考試壓力、性的議題、他們的外表、霸凌、還有自尊心，都會造成許多的焦慮。如果你能鼓勵他們靜心，幫助他們保持扎根和冷靜，一旦他們學會怎麼在面對挑戰時還能傾聽，並且安定自己的能量，他們就會在自己的內在找到舒服的感覺。

記得，盡量避免使用音樂，因為音樂和這個年紀孩子的自我認同息息相關。不管你放什麼音樂，都不會適合他們的品味。

和這個年齡層的孩子一起靜心，你可能會需要讓他們的呼吸和身體多放鬆一點，因為在進入成年的過程中，邏輯腦可能會讓他們分心。他們可以練習呼吸靜心來幫助紓解焦慮（詳見99至102頁），像是「即刻」靜心。放鬆練習的幾個階段（詳見103至109頁），也能幫助他們在準備考試的時候睡得好一點。

對於青少年，靜心通常可以持續二十至二十五分鐘。

我記得有一次在一所學校和青少年一起靜心實作，這些孩子大概十五歲，我受邀去教他們一些可用來舒壓的印度式頭部按摩技巧。我看了一下他們精心打扮的美髮造型，覺得這可能不是一個好主意。另外，這些孩子們很躁動，他們的老師看起來也樂得把主控權讓給我，於是我就帶領他們進行了一次色彩靜心。不到五分鐘，教室變得好安靜，一根針掉到地上都聽得到。

第十一章　嬰兒靜心

我教我的兒子們對「啊」這個聲音靜心，他們好喜歡！我們在午睡前和晚上入睡前這麼做。他們現在一個八歲、一個三歲，不過當他們六歲和一歲的時候，我就開始這麼做了。

——家長

有一次朋友來找我，他們的孩子比我靜心課程的孩子還要小，所以我要他們試試看不一樣的方法，然後告訴我結果怎麼樣。

首先，說實在的，你沒辦法教嬰兒靜心，所以當我提到嬰兒靜心，這些方法實際上是要讓父母或是主要照顧者，在照顧孩子的時候還能夠放鬆。如果你是扎根的、放鬆的，孩子就會給你正面的回應，因為你的能量會影響他的能量。

嬰兒對於周圍的環境與能量是非常敏感的，這是他們哭泣的一個原因。假如沒有其他明顯的原因，像是肚子餓，一個嬰兒如果覺得不開心，可能是因為被其他人的能量所牽引，而這個人可能覺得激動、或是焦慮、或是帶著其他負面情緒。

我第一次注意到這件事情，是因為我朋友的孩子大衛，那時候我們在照顧他。當我們跟他玩、對他說話時，他看起來很滿足。這時，有另一個朋友進到房間裡，一轉眼，沒有任何原因，大衛就開始嚎啕大哭。那個朋友只要一靠近，他就把頭轉開，然後繼續哭。我們都覺得很奇怪，因為那個朋友是一個很好的人，通常孩子也很喜歡她。當她離開房間，大衛就慢慢地冷靜下來。現在，讓我告訴你一些關於我朋友的事情。那一陣子，她的丈夫剛剛因為癌症離世。那個早上，她從教堂過來，覺得心情相當低落。在教堂中進行的儀式，讓她再次看見自己的悲傷，因此她心裡有一些複雜的情緒交織在一起，尤其是難過與憤怒。當她來房間看大衛時，告訴我們這件事情（她還處於這樣的情緒裡），而小嬰兒感覺到這樣子的能量，於是就開始大哭。過了三十分鐘，那位朋友的情緒已經穩定下來，大衛也很開心地和她玩、聽她說話。

即使只有一下下，也不要認為你可以避開這些難過的感覺或情緒，畢竟我們都是人！然而，如果你可以覺知你的能量是怎麼影響到嬰兒，那麼和他們在一起的時候，你就可以試著去集中注意力、平靜，以及歸於中心。大部分的人很自然地就這麼做了，不過當你壓力很大時，你變得沒有辦法扎根，嬰兒就會受到影響。你越能專注、平靜、保持覺知，你就越能在壓力來臨時依舊保持扎根。讓我舉一個例子，假設你正在和其他人見面，希望孩子可以表現得好一點，所以你開始有點焦慮，擔心小孩會哭，而你幾乎可以確定孩子真的會哭，因為他會接收你的壓力！

身為父母，你的時間與能量要應付那麼多的要求，當然會有許多壓力，所以，你越能保持平靜就越好。

小祕訣：下面的方法可以幫助你在一開始就放輕鬆。如果運用想像力對你來說很容易，那麼就使用視覺意象的方法。如果你是一個比較觸覺型的人，那麼與其去

「看」，不如去「感覺」。如果你想，也可以兩個方法一起使用——有些人就是觸覺靈敏，同時又有想像力。

靜心練習17：扎根練習

為了要歸於中心和扎根，首先，注意你的太陽神經叢（就在你肋骨下方中間的部位）。

想像並感覺太陽神經叢有一個光點。

當你吸氣時，想著「和平」；吐氣時，想著「愛」。

想像並感覺：你把呼吸和太陽神經叢的亮點連結在一起。

想像並感覺：那一點光隨著呼吸變得越來越亮、越來越清楚、越來越大。

繼續進行五到十個呼吸（你可以自己決定要張開眼睛或閉上眼睛）。

如果這能幫助你專心，你也可以在吸入「和平」以及呼出「愛」的時候，把手放在太陽神經叢。

現在，把呼吸帶到腳，想像並感覺兩隻腳的腳跟都有一個光點。

從腳上的光點吐氣，然後想像並感覺氣息又從地上進入你的腳。

吸氣時，想著「和平」；吐氣時，想著「愛」。

繼續進行五到十個呼吸。

如果這能幫助你專心，一邊想著「和平」與「愛」，同時在吸氣時讓雙腳緊繃，吐氣時讓雙腳放鬆。

靜心練習18：愛的呼吸靜心

現在，把注意力帶到心輪，它位於胸口的正中央。想像在你的胸口有個光點，把它和呼吸連結在一起（或是注意胸口因為呼吸造成的上下起伏）。當你準備好了，吸氣時，把「和平」吸入你的胸口（光點）；吐氣時，把「愛」從胸口（光點）呼出。

繼續進行五到十個呼吸。

這時，你可以抱著孩子（如果他們在嬰兒床睡覺，就握著雙手，掌心面對孩子，放在他們上方，或是他們的肚子上）。

想像並感覺你（來自胸口的）「愛的吐氣」，現在圍繞著你的寶貝，把你的寶貝包圍在裡頭。

隨著每次的呼吸這樣進行，你想持續多久都可以。

你也可以把吐出的氣息，想像成柔和的粉紅色或是白色的雲，它們從你的胸口流出，包圍著你的孩子。

隨著每次的呼吸這樣進行，你想持續多久都可以。

如果孩子讓你分心，你可以試著閉上（或半閉上）眼睛。

每一次都要記得你吸入的氣是和平，而從你胸口吐出的氣是粉紅色的或白色的雲，圍繞著你的寶貝。

在二十個呼吸之後（或是更多，由你自己決定怎樣比較合適），溫柔地看看你自己感覺如何，還有寶寶的狀況如何。你也可以開始想像你和寶寶都被愛的雲朵包圍。

這個練習可以常常進行，因為它只需幾分鐘的時間。你也可以在每次換尿布之後練習，這樣它就可以結合日常的活動。只要記得，你越是持續練習，你就越能夠放鬆，而孩子也會注意到這一點。另外，一旦你習慣這麼做，當寶寶有點不安的時候，你也可以這麼做，它會成為你育兒百寶箱的另一個工具！

第十二章　學步兒靜心

我兒子的托兒所有瑜伽與靜心課程，那裡的孩子都很喜歡，所以，他們還特別準備了一個保持安靜的空間，讓所有的孩子都能使用。

——家長

我從來都不覺得學步兒能夠真的靜心，但是我的小姪子萊恩當時三歲，卻推翻了我的看法。這個年紀的孩子很喜歡模仿，所以身為大人，當你引導孩子時，去參與、去示範你要他們做的事情是很好的。

嚴格說來，下面要介紹的這些活動，並不算（純粹的）靜心或是正念的練習，但是它們可以幫助學步兒保持注意力。如果你特別有創意，也可以為下面的字詞加上曲調，因為孩子也喜歡旋律。那時候我給了我嫂嫂一些靜心技巧，讓她跟孩子一起試試看，結果我的小姪子萊恩希望可以用唱的。謝謝他，所以現在我要給你一些例子，你也可以自己隨意創造出屬於你的旋律。

我發現，某些扎根的練習可以讓學步兒覺得比較平靜，它也可以成為睡前儀式，或是白天活動時的好工具。

靜心練習19：變得軟軟的靜心（適合學步兒的漸進式肌肉放鬆）

（站起來。）

站起來踮著腳尖。**（你可能得幫助孩子保持平衡。）**

接著，把腳平放在地上。**（重複二到三次。）**

觸摸天空。**（手臂、雙手舉起來。）**

數到四。**（如果孩子太小，你就幫他們數。）**

像猴子一樣甩甩手。**（把兩邊的手臂輕鬆地向下甩幾次。）**

好像你一點都不在乎。**（站得直直的。）**

然後轉轉你的頭。**（把頭繞著圓圈轉，或是從一邊轉到另一邊，多做幾次。）**

像一隻很吵的熊。**（如果你想，你可以大吼！）**

（現在坐在地板上，腳向前伸出去。）

用腳趾頭指著我。

用腳趾頭指著你自己。**（多做幾次。）**

把肚子向前凸出去。

還有你的舌頭。

肚子放鬆，舌頭回到嘴巴裡。

給自己一個大擁抱。

你真是一個好棒的寶貝！

（現在躺下來。）

跟著我的手指頭。**（眼睛轉動，頭不要動。）**

看你的左邊。

跟著我手指頭。

看你的右邊。

上面。

下面。

四周圍。**（保持眼睛往同一邊轉圈圈，然後當他們說或想到「平靜」這個字時，換邊。）**

把手放在肚子上。

閉上眼睛。

深深的吸一口氣。
吐氣的時候嘆一口氣。
再深深的吸一口氣。
吐氣的時候大大的嘆一口氣。
覺得身體越來越軟、越來越軟。
像天空的雲朵。
吸氣。
吐氣。
覺得軟軟的，而且很平靜。
就好像天空的雲朵。
覺得軟軟的，而且很平靜。
覺得軟軟的，而且很平靜。

每個動作都可以重複幾次再換下一個，最重要的是幫孩子扎根，然後讓他們的能量穩定下來。下面還有另外一些技巧，一天之中的任何時刻都可以嘗試。

靜心練習20：海星伸展

雙腳站得開開的，把手臂向上伸展，就好像一個海星。**（頭直直的朝上，腳平放在地上。停一下，數到四。）**

然後彎曲身子，把自己變小，像一隻小老鼠。**（要孩子把自己捲得越緊越好。停一下，數到四。）**

看你想重複幾次都可以，把焦點放在動作上，這能使身體（與脈輪）運作。孩子換姿勢的時候可能會很快，不過重複幾次以後，試著要他們越做越慢。

靜心練習21：「啊」和「嗯」靜心

坐著或站著，把你的嘴巴和眼睛打開，大大的吸一口氣。

現在，吐氣的時候發出「啊」的聲音。（**重複幾次，鼓勵孩子在不會不舒服的情況下，把「啊」發得越長越好。**）

把眼睛和嘴巴閉起來，從鼻子深深地吸一口氣。

現在，從嘴巴呼一口氣，發出「嗯」的聲音。

重複幾次，鼓勵孩子在覺得舒服的情況下，把「嗯」發得越長越好。在某一次重複時，你可以要他們感覺聲音在身體的哪邊。這個練習會讓喉輪運作，並且幫助孩子集中注意力。

靜心練習22：眼睛轉圈圈

（坐著或站著，用你的手指頭引導孩子。）

眼睛往上，眼睛往下，眼睛往左，眼睛往右。

眼睛轉一圈（往同一邊）。

眼睛轉一圈（往另一邊）。

這練習能夠讓孩子大腦裡主控邏輯與情緒的部位互相連結，取得平衡。練習的時候，你也可以使用「向上看太陽」、「向下看地板」這樣的語句。

靜心練習23：敲一敲靜心

（先請孩子想一個會讓他們開心的東西，像是他們最喜歡的玩具或是遊

戲，敲一敲的時候也要繼續想。）

用手指頭敲敲你腦袋瓜的頭頂。

一開始要輕輕的，像雪花飄下來一樣。

現在用力一點，像雨水落下來。**（或者你也可以幫他們敲。）**

敲敲眼睛的周圍。

鼻子下面。

下巴。

敲敲你的胸膛（像泰山一樣）。

敲敲手臂（像猴子一樣）。

這個練習會敲擊到不同的能量中心，是一個能讓人覺得平靜的方法。如果你想，也可以在敲擊的時候加上聲音。試著多做幾次。

靜心練習24：小肚子時間

（躺著或坐著，把手放在肚臍上。）

把氣吸到你的手那邊，然後肚子用力，把手往外推。

吐氣，說「啊」。

把氣吸到你的手那邊，然後肚子用力，把手往外推。

吐氣，說「嗯」。

鼓勵孩子吸氣的時候把肚子往外推，呼氣的時候肚子放鬆（示範給他們看）。這個練習會讓橫膈膜運作，並且傳送「放鬆」的訊號給大腦。要睡覺的時候，我會使用這個呼吸練習。

靜心練習25：色彩靜心2：為空氣塗顏色

在這裡，我使用紅色。如果孩子不喜歡，他們可以選擇其他顏色。

要孩子想像這個顏色。你也可以舉紅色的東西作為例子，要他們大聲的把這個顏色說出來。

現在要他們想像周圍的空氣都是這個可愛的顏色。

紅色在這一邊。（輕輕地觸摸孩子一邊的手臂。）

紅色在這一邊。（輕輕地觸摸孩了另一邊的手臂。）

在你後面。（輕輕地觸摸孩子的背部與雙腿。）

在你前面。（輕輕地觸摸孩子的胸部與雙腿。）

現在，讓孩子閉上眼睛，要他們想像他們可以從頭頂到腳趾，把顏色吸進身體裡面。

你也可以假裝「用顏色把孩子包起來」，從頭到腳輕輕地觸碰孩子的身體。

這麼做的時候，一邊說：「我很安全、平靜、快樂。」並且要孩子跟著你說一次。

這是一個讓學步兒集中注意力，同時又能讓他們平靜的方法。顏色代表正在取得平衡的脈輪。

靜心練習26：牽牽手靜心

面對面坐著，把腿盤起來，手牽著手。

試著和孩子一起吸氣，一起吐氣。

要孩子想他們喜歡的東西、喜歡的人、或其他很棒的事情。

當他們這麼做時，想像你把他們用一顆粉紅色泡泡包圍起來。
在這裡停留一下，多久都可以。
粉紅色是心輪的顏色，代表著無條件的愛。

靜心練習27：鬆鬆的襪子靜心

感謝我的小姪子萊恩，是他給了我寫下這個練習的靈感。

有一個小男孩叫萊恩，
他要準備上床去睡覺，
可是身體裡有好多的活力，
而且腦袋裡有好多的想法。**（動作：用指尖敲敲頭頂。）**
所以他的媽咪想到一個辦法，

一個讓人覺得平靜的好辦法，
要他吸氣的時候把手舉起來。**（動作：雙手伸向天空。）**
吐氣的時候說一個大大的「啊」。**（動作：把手放下。）**
吸氣。
他的身體充滿了空氣。**（動作：把手舉起來。）**
每次只要一吐氣。**（動作：把手放下，說「啊」。）**
身體就會變得軟軟的。
軟軟的，就像一隻大大鬆鬆的襪子。**（動作：全身都鬆鬆的，把手放下。）**
（繼續做動作。）
吸氣——充氣。
吐氣——鬆鬆的襪子。
吸氣——充氣。
吐氣——鬆鬆的襪子。

第十三章

過動兒靜心

我很榮幸能夠在我任教小學的「覺知週」，帶領靜心課程，孩子們都很有興趣，不過還是有些家長反對，並且在上靜心課的時候把孩子帶走，最後我和一個非常愛搗蛋的孩子一對一靜心實作。其他老師告訴我，這個孩子從沒有這麼安靜過，從來沒有！

——學校老師

我第一次想到要教孩子靜心，是在二〇〇三年。我想，如果孩子可以學一些靜心方法，對他們會很有幫助。很多人試過之後就知道，這些簡單的技巧真的可以幫忙減輕壓力的後續效應。

那時候，我發現自己開始關注過動症的孩子，這樣的關注來自於我在成人靜心基礎班的觀察。在我的班上有些成人學員，雖然沒有被診斷出過動症，但是卻表現出一些和過動症相當類似的症狀，這在基礎的靜心班上尤其明顯。不過在課程最後，這些表現似乎都會減輕，甚至消失。

這些學員在課堂上表現出來的過動症特點，包括：無法扎根，沒有辦法專注，腦袋裡充滿了各種思緒，也無法好好的坐著。有時候，這些學員會用睡眠或能量品質來談論他們的問題。就我在靜心課上的觀察，隨著每個禮拜過去，這些學生越來越能夠容易「安定」下來。隨著每個禮拜的練習，他們的能量也變得更穩定、更平衡。他們看起來比較扎根，而且也睡得比較好，同時發現自己比較能夠專心。他們在課堂上的這些改變，讓我覺得也許我們可以把這些技巧運用在過動症的孩子身上。

注意力不足過動症是一個令人關注的問題。研究指出，造成過動症的因素很多，以下的資訊，是根據我自己作為一個治療師和靜心老師的經驗而來，你可以將它們視為一種補充，但是不要以之取代你的孩子正在接受的醫療協助。

從靜心與能量的觀點看孩子的發展

我會談論靜心與能量之間的關係，主要是因為不管我們是什麼年紀，都會受到它的影響。如果你對脈輪的能量系統有所覺知，對於了解孩子的健康和發展是有幫助的（我在第五章有詳細的說明）。能量系統沒有等級的差異，位於身體下方的脈輪（海底輪、本我輪、太陽神經叢）和位於上方的脈輪（心輪、喉輪、眉心輪、頂輪）相比，並非比較低等或是不重要。

所有的脈輪中心都很重要，而且一起運作，就好像身體的各個系統（神經、循環、肌肉、骨骼等系統）一起工作一樣。這些系統都必須好好的運作，我們才能健康地活著。能量應該要流動，假如能量流動，我們就會健康，無論在生理、心理、情緒上都是。

我在下面做了一個表格，將過動症的一些症狀與能量中心的失衡做了對比。能量中心的失衡，可以藉由靜心或是其他整體醫學療法來導正，我也提出了一些可以有所幫助的靜心技巧。對於注意力缺失症（ADD, Attention Deficit Disorder），請見232頁與234頁所列出來的「衝動」和「注意力缺失」條目。

海底輪（脊椎底端）和過動的關係

我想要分享我們家過動兒的靜心狀況——他聽著背景的靜心音樂，靜靜地、禪意十足地在巨大的瑜伽球上伸展、翻身，讓自己平衡……在過程中的某個片刻，他的頭碰到地板，而腳趾頭離地向外伸展，彷佛正在進行某一種身體平衡的活動。他不是一個坐得住的孩子，總是動來動去，坐立難安……但是他好動的身體似乎喜歡橡膠球的彈力。最後，這樣的靜心會來到一個點，我的孩子會翻身躺在這顆巨大的球上，垂掛著就像是一件柔軟的玩具。沒有聲音，寧靜、禪一樣的——他不在那裡。你可以從他的眼神知道，他在別的地方。大概有五分鐘的時間，然後他會醒過來，從橡膠球上跳開，去玩他的玩具。

——家長

海底輪將我們和大地、物質世界連結在一起，和它相關的顏色，主要是紅色，此外還有黑色和棕色。這個能量中心掌管了血液、脊椎、腎上腺，以及神經系統。想要移動的衝動和海底輪試圖取得平衡有關，身體的運動是一種扎根的活動。

過動的症狀*	海底輪不平衡的症狀（沒有扎根）	可以幫助扎根的活動
• 躁動的四肢活動 • 在椅子上扭動 • 過度與不適當的奔跑	• 無法集中注意力 • 占有慾 • 霸道的 • 有侵略性的 • 失眠 • 無法放鬆 • 強迫症	• 跑步 • 走路 • 進食 • 動態靜心 • 扎根靜心 • 佩帶水晶（通常是紅色、棕色或黑色水晶） • 石頭靜心 • 深沉而穩定的鼓樂（見第314頁「靜心音樂」）

*以上列出的過動症症狀出處為www.netdoctor.co.uk。

喉輪和衝動的關係

喉輪是我們表達的中心。經由選擇和決定，我們透過喉輪表達我們的意志。和喉輪有關的顏色，是明亮的藍色或土耳其藍。喉輪掌管喉嚨周圍的區域，包括喉嚨、甲狀腺、神經和耳朵。當喉輪不平衡時，孩子就會一直說話，而比較少在聽話。喉輪可能會過度活動或是活動低下，要平衡喉輪，聲音能夠扮演關鍵的角色。

衝動的症狀	喉輪不平衡的症狀	可以幫助平衡的活動
• 問題還沒問完，答案就衝口而出 • 沒有辦法在輪流的時候等待 • 打斷別人	• 傲慢 • 多話 • 對某些東西成癮 • 膽小 • 遮遮掩掩的	• 色彩靜心 • 佩帶水晶（天空藍或白水晶） • 讓孩子大聲說出肯定句的靜心（如果他們不好意思，可以在心裡大聲的說，慢慢地，或許就可以真的說出來） • 唱歌 • 吟唱、持咒（真言）

喉輪、海底輪和注意力缺失的關係

我有個姪女有注意力方面的問題。因為她還小，所以我試著和她一起靜心，我們練習的是蠟燭靜心。我們注視燭火一陣子，然後閉上眼睛，接下來試著用第三眼（編註：即眉心輪位置）去看火焰。對我們來說，效果很好！

——阿姨

就如我之前提過的，海底輪幫助我們感覺扎根、感覺安全，而喉輪則是和我們怎麼溝通和聆聽有關。

用能量中心的說法是，注意力缺失是因為上面的脈輪（眉心輪、喉輪）有太多的能量，而海底輪則缺乏能量，因此造成能量分配不均。如果能量可以往海底輪扎根，我們就能夠專心地完成某些任務。

當喉輪有太多能量，就好像它一直傾倒（話語），因而阻礙了聽的能力。

如果一個人沒有扎根，通常眉心輪會累積許多能量，有許多的思緒和想法，因此有時候，孩子看起來就像活在他們自己的世界裡。靜心和正念練習可以幫助孩子平衡眉心輪。

注意力缺失的症狀	海底輪、喉輪、眉心輪不平衡的症狀	可以幫助平衡的活動
●對細節缺乏注意力 ●對學校功課、工作、或是其他活動粗心犯錯 ●很難維持注意力 ●當別人說話時，顯得心不在焉 ●無法遵從指示 ●無法完成任務 ●很難安排任務和活動 ●逃避或是不喜歡需要持續心智努力的事物	●無法完成計畫或語句 ●容易分心與轉移目標（四處紛飛的心智） ●聽別人說話有困難；總是在說話或忽略指示 ●做什麼都好像活在自己的小世界裡	●請見前述針對海底輪與喉輪的建議 ●眉心輪：使用呼吸與五種感官的靜心，能夠幫助大腦在思考／邏輯的部分，與創造性的部分之間取得平衡。同時，針對海底輪的練習，也能讓身體的能量更平均地分配。

如果我們將過動和無法集中注意力的行為舉止，與海底輪、喉輪、頂輪不平衡的症狀做個比較，便可以看出它們的相似之處。我曾經和一個過動兒的母親談話，提到她可以試試佩帶水晶。我建議她，讓她的兒子選擇自己喜歡的水晶放在口袋，而不是由媽媽依據她個人的見解為他選擇「扎根」的水晶。後來她告訴我，她兒子選的水晶，恰巧都是能讓他扎根的水晶，孩子憑藉自己的能量選擇了可以讓他回歸平衡的東西。附帶一提，這個孩子選的水晶是黑曜石（黑色）以及紅碧玉（紅色）。如果你決定用水晶來幫助孩子靜心，或是作為一種讓孩子平靜的工具，可以鼓勵他們自己選擇水晶，而不要由你幫他們做決定（你可以在靜心之後，再去查詢各種水晶的涵義）。

如果你的孩子被診斷出患有過動症或是注意力缺失症，一開始，靜心可能會是個挑戰。這也和他們的年紀有關，不過他們靜心的時間最好比同年齡的孩子再短一些（見第十章）。溫和地堅持是必要的，在這一章，我會列出一些建議，讓你可以從靜心中獲得最大的益處，或者你也可以購買我針對過動症孩子特別錄製的靜心

CD（見311頁至313頁我所提供靜心CD的資源）。

我在寫這本書時，同時也和過動症與自閉症的孩子進行了一些研究。下面我提供了兩個個案的研究，這兩個非常不一樣的孩子，教會了我許多和過動孩子一起靜心實作的經驗。

個案分享：過動兒艾力克斯的故事

艾力克斯在十二歲時被診斷出患有注意力不足過動症，這些症狀持續了好幾年。有一次，他和媽媽去看醫生，出人意料地表示自己想要嘗試靜心，他知道有些東西不對勁，並且主動要求協助。他沒有辦法集中注意力、專心、或是好好地坐著。他的媽媽有些意外，不過醫生順勢而為，讓這個孩子去靜心。

所以，在這位母親的請求下，透過她兒子小學校長的引介，她找到了我，邀請我去她家拜訪。見到艾力克斯時，我發現，雖然他已經開始靜心，不過還是很難好好坐著，總是動來動去，在椅子上顯得坐立難安。同時，我覺得他似乎不是很想待在那邊，他看起來有點害羞，可能是因為媽媽覺得他在那邊比較好。這種狀況很常見，當父母覺得自己已經無計可施，就會開始尋找各種方法來應付自己所處的狀況。於是，我建議我們用意象引導來做一個簡短的放鬆練習，以便卸下一些煩惱。艾力克斯已經從中學畢業，要進入高中，所以對未來越來越焦慮。

艾力克斯和他的母親坐在沙發上，雙腳踩在地上。雖然他不確定自己想不想做這個靜心，我建議他只要看著他的母親，等到他也想這麼做再加入我們。我可以感覺到他的母親很希望孩子一起做（記得我說過**不要強迫**別人靜心），不過她同意自己先試試看。

開始靜心

我帶著艾力克斯的母親進行了一些簡單的放鬆技巧，幫助她放鬆身體，過程中我們使用了扎根手印（見第243頁）。艾力克斯還是坐立不安，不過他在一旁看著自己的媽媽開始放鬆下來，大概進行到一半時，他決定加入我們。我注意到，當他閉上眼睛坐著，他的能量和身體的表達變得比較安定了，這個時候，我們進入色彩靜心（見第175頁靜心練習16）。在靜心過程中，我要他們走過一扇「門」。透過這個意象式的引導，我們進到一架飛機裡頭，把所有的負擔都丟掉，讓飛機變得更輕。在想像的旅程之後，我引導他們回到呼吸，最後要他們張開眼睛。有十分鐘的時間，艾力克斯好好的坐著，安靜地把注意力放在靜心上。對一個有過動症的孩子，一開始還不願意加入，這已經是個了不起的成就了。

回饋

事後，當我們討論這次的經驗時，艾力克斯說他可以看到我所提起的那些意象，而且覺得比較舒服、比較平靜。不過，他說他沒辦法進入我說的那扇門，因此他自己想像了一個紅色的三角形。這一點相當重要，因為紅色是靜心的時候，你所能使用的最扎根的顏色。從能量的角度來看，過動症的孩子沒有那麼地扎根。而三角形就靜心而言，也有很大的象徵意義，因為它由一個強壯的底座（基礎、根基）要往上面的一個點延伸。事實上，艾力克斯自己所看到的或是所選擇的三角形，顯示他內在的平衡感正在靜心中浮現。

觀察

上面的例子告訴我們，在教孩子靜心時，尊重他們是很重要的。如果我們那時強迫艾力克斯參與，他極有可能會因為抗拒而完全不想嘗試。最佳的選擇就是給他一些空間，讓他自己作決定。而當他加入後，他順從自己的覺知——他沒有因為我提到一扇門，就去「看見」一扇門，而是順著自己的直覺。要去接受自己的想像，要看見這一扇門，成人通常會有一些邏輯上的「掙扎」。對艾力克斯來說，他就只是接受了他所看到的，而他所看到的門的形狀與顏色，完全適合他。對我來說，最重要的一個反應是，他在靜心過後還能好好坐著，這是一個相當清楚、具體的指標，說明某些事情已經在改變（即使只有在那個時候）：扎根以及平衡的潛能，就在那裡。在這個階段，艾力克斯和他的母親能持續地一起享受靜心是很重要的，直到有一天，也許他就可以自己練習了。靜心的用意不在於「治好」過動症，而是帶著覺知使用某些技巧來丟掉一些煩惱，然後變得更平靜。這樣在日常的基礎上，他就能讓自己覺得更安穩一些。

給過動兒的扎根技巧

（和海底輪有關的議題，請見第231頁的表格。）

使用紅色

紅色有其重要性，因為它和海底輪有關。藉著使用這個顏色，我們可以「人工地」鼓勵自己覺得更加扎根。不過，必須說明的是，如果某人不喜歡，你就不能強迫他們使用這個顏色。你的邏輯腦可能會這麼想，「啊，今天要讓孩子穿紅襪子。」

但如果你想將東西強加在孩子身上，他們只會反抗得更厲害！讓他們在紅色、棕色、黑色之間作選擇，如果失敗了，他們想要選擇其他顏色，那就這樣吧。順其自然，相信你孩子的能量會找到對的顏色。顏色可以用在襪子上、抱枕上、或是用來坐著或包裹身體的毯子上。

靜心的時候，你可以要孩子想像紅色。如果沒辦法，就讓他們自己選一個顏色。你可能會發現，要在靜心裡使用顏色來幫助扎根，運用色彩靜心會是一個很有用的方法（見第175頁靜心練習16）。

結手印

手印是象徵性的手勢，在一些宗教裡使用，像是佛教和印度教。在這裡，我建議使用這些手印，並沒有任何宗教上的意圖。對我來說，它僅僅是一個幫助集中注意力和扎根的技巧。有一個常見的手印，你可能已經看過，通常靜心者盤坐著，大拇指和食指的前端碰在一起（請見第243頁圖2）。從靜心與能量的角度來說，這個手勢的重要性在於它能幫助孩子集中注意力與保持扎根。手印可以幫助能量在身體裡流動，它能連結肉體與非肉體的情緒、思想和靈性，因此能夠穩定孩子的能量。在忙碌的一天之後，手印會是一個很棒的工具。當你帶著孩子靜心時，也可以使用手印來維持注意力和保持平靜。

如果你對結手印抱持懷疑，就想一想人們在自然的狀況下會做的手勢，或是電視上某些政客刻意擺出來的手勢。不管是有意或是無意，許多商界人士都會使用統合手印，它能幫助克服畏怯和恐懼（見圖3）。

你可以在靜心中使用扎根手印（見圖2）。

圖2　扎根手印

圖3　統合手印

靜心練習28：扎根手印靜心

要孩子把大拇指和食指的前端碰在一起，做出扎根手印（見前頁圖2）。

在這個手勢停留二到五個呼吸。

現在，要孩子把拇指放在中指的前端，停留二到五個呼吸。

現在，要孩子把拇指放在無名指的前端，停留二到五個呼吸。

最後，要孩子把拇指放在小指頭的前端，停留二到五個呼吸。

根據孩子的年齡，有些孩子可能會需要你的引導來讓他們集中注意力（像是要他們注意指尖輕或重的感覺，或是呼吸的聲音）。

接著，重複上面的練習，不過順序相反，將大拇指從小指頭慢慢移回食指，每個動作停留二到五個呼吸。

運用呼吸

呼吸是一個強大的靜心工具，但大多數人都低估了它的重要性。有人說：沒有食物，我們可以存活好幾個禮拜；沒有水，我們可以存活好幾天；但是沒有空氣，我們只能存活幾分鐘——呼吸就是這麼重要！

學著把注意力帶到呼吸上（也許一開始就結合手印），可以在當下穩定孩子的能量。這就是為什麼我要靜心課堂上的成人學員在心思飄移時，把他們的注意力帶回呼吸，讓呼吸成為他們的錨。你也可以要孩子這麼做，確保他們有注意這一點。對過動症的孩子來說，注意力是個大問題。不過無論如何，他們也要呼吸，所以，我們還是可以把呼吸當成一個工具。讓他們在吐氣與吸氣時計算呼吸（在心裡安靜地數給自己聽），是開始的好辦法。讓孩子的好奇心驅使他們去注意數數時，吸氣和吐氣的長度。在幾個呼吸之後，要孩子告訴你，他們吸氣與吐氣的次數（見第96頁的說明）。

這些方法可以讓孩子把注意力集中在一件事情上，而呼吸也是身體與能量的一個重要衡量標準。

讓孩子暫停呼吸，然後數一，有助於集中注意力，同時也能把呼吸延長，讓呼吸變得穩定。讓他們照著自己的速度進行，即使他們做得很快也沒有關係。為了讓孩子延長呼吸，你可以讓他們暫停呼吸，然後數二，如果這樣能幫助他們慢下來的話。不過，和呼吸有關的練習都要漸進式地進行，以確保孩子不會覺得焦慮或受到刺激。

當你感覺孩子對於自己的呼吸已經有了覺知，就要他們停止數數或是暫停呼吸，改成讓呼吸與動作結合在一起。可以試著讓孩子做扎根手印（見第243頁圖2），吸氣時將拇指與食指碰在一起，吐氣時將拇指與食指分開。在孩子覺得舒服的情況下，多重複幾次：吸氣時，手指頭碰在一起；吐氣時，手指頭分開。

接著，反過來做：吸氣時，手指頭打開；呼氣時，手指頭碰在一起。接著，重複幾次。

現在問問孩子，上面兩個練習中，他們比較喜歡哪一個，鼓勵他們有時間的時候，自己練習十個呼吸。最後，要他們結手印並停留十個呼吸作為結束。

第一回合（吸氣碰觸手指，吐氣分開手指）可以幫助海底輪運作，也幫助孩子的能量和他們周圍物質世界的能量相連結，這能讓他們感覺平衡與扎根。吐氣的時候張開手指頭，可以讓他們將能量中緊抓的壓力釋放掉。第二回合（吐氣碰觸手指，吸氣分開手指）能幫助心輪運作，和平衡有關。當他們張開手指頭接受氣息進入身體，會產生一個平衡的效果；當他們把手指碰觸在一起並且吐氣，他們便和地球一起將能量歸於中心，這也能幫助平衡，並且穩定能量。

使用水晶或小石頭靜心

水晶是靜心的好幫手，因為它能以一種微妙、自然的方式幫助你恢復平衡。如果你不確定水晶能有什麼妙用，下面的比喻也許會有幫助。

假設你走進一個很冷的房間，你的身體會透過一些生理機制來回應這樣的溫度，讓你保持溫暖（像是起雞皮疙瘩）。如果房間裡太熱，身體也會反應，不過這次是讓你冷卻下來（譬如流汗）。使用水晶靜心，就好像走進一個太冷或是太熱的房間，你的能量會回應水晶的能量，然後進行調整。流經水晶的能量是永久的，你會直覺地感受到某些水晶對你的吸引，而那就是會對你有幫助的水晶。

雖然我有許多使用水晶工作的經驗，而且我的邏輯告訴我，某些水晶對於某些情況會有幫助，但是我發現，孩子不一定會選擇能夠幫助扎根的水晶。有時候，他們會被黃水晶吸引，而黃水晶與太陽神經叢有關，太陽神經叢是一個控制中心。有時候，他們會選擇藍色的石英，它與喉輪有關，能使他們接受改變並釋放情緒。不管他們選擇了什麼水晶，都絕對錯不了。當你的孩子選擇了一個水晶，你可以在靜心的時候使用它（請見第133頁靜心練習10）。如果使用水晶讓你覺得有點彆扭，那麼用一般的石頭也可以。水晶和石頭皆來自大地，所以都具有讓人扎根的能量。就像你在靜心的時候使用水晶，你也可以鼓勵孩子使用石頭。尤其對過動症的孩子來說，這是一個很有效的工具。

一些關於扎根靜心的想法

這個類型的靜心，鼓勵你把注意力放在與大地、地球的連結上。有時候當我在進行引導式靜心時，會加入樹的意象，讓樹的樹根深深地向地球裡延伸（有時候和呼吸一起做），樹幹很強壯，支持著其他枝幹向天空的光亮延伸。這個靜心引導孩子從樹根往地球裡扎根，之後再延伸到樹的其他部分，藉此幫助平衡。你可以使用任何意象讓孩子跟大地連結，像是漫步在森林中或花園裡，然後要他們留意裡頭的植物是怎麼「附著」在大地上。

另一個鼓勵孩子在靜心中扎根的方法是，連結呼吸與雙腳，鼓勵孩子覺知身體的這個部分。要孩子在吸氣時讓雙腳緊繃起來，呼氣時把雙腳放鬆。你可以引導孩子從腳開始，然後往上到雙腿（緊繃和放鬆），最後到脊椎的尾端，之後再往下做一次。如果有時間，可以多做幾個回合。

另外一個選擇是在走路時靜心（眼睛張開），要孩子把注意力放在腳上，數自己的步伐，並且將呼吸與每一個步伐連結起來（吸氣兩步，吐氣兩步）。接著你可以問問孩子，踩在地上時有什麼感覺，是硬的（水泥地）還是軟的（草地）？如果可以，也可以讓孩子在戶外赤腳走路。

芳香精油與巴赫花精療法

雖然芳香精油是天然的，不過使用在孩子身上時，還是要非常謹慎，因為孩子的呼吸系統還在發育。針對過動症，你可以使用甜馬鬱蘭，它具有放鬆、溫暖、使人扎根的效果。其他用油的相關資訊，請見第四章（第69至70頁）。如果你的孩子有呼吸道方面的問題，建議先諮詢合格的芳療師再使用精油。

巴赫花精療法是我從一個治療師朋友琳西・丹儂（Linsey Denham）那裡知道的，她是一個護士，在兒童醫院工作過許多年。關於巴赫花精療法有一點很棒，那就是它即使用在孩子身上也很安全，而且使用上非常容易。如果你的孩子試過之後，發現某一種花精不是有效果、就是一點效果都沒有，那麼你可以持續嘗試，直到找到對的花精。每種花精的配方對應一種情緒，而混合的配方可以直接喝下，用來平衡人的能量和情緒。若要對扎根有幫助，首先浮上我腦海的是鐵線蓮花精。如果你的家庭因為照顧過動症的孩子而心力交瘁，總共有三十八種花精供你選擇（你可以在第317頁「治療師」中了解琳西執業的詳細資訊）。

動態靜心

有時候在不知情的狀況下，我們也會主動地將能量扎根。偶爾，你是不是覺得想要出門透透氣，出去走走路或是跑步？這些活動都是在扎根。這也是為什麼沒有扎根的人常常會動來動去、坐立難安，因為在無意識的狀況下，他們試著讓能量自然而然地扎根。透過覺知，你可以結合靜心與動作，幫助孩子更加地扎根。大量的身體活動對於過動症的孩子來說很重要，他們動得越多，就越扎根。所以，走路、跑步、遊戲都十分重要，特別是在有樹木與新鮮空氣的自然環境裡。你可以鼓勵孩子在活動中靜心。舉例來說，一分鐘用走的，一分鐘跑圈圈或原地跑，一分鐘張開雙手跑就像飛機一樣，一分鐘邊走路邊數步伐，諸如此類。這樣的練習可以鼓勵孩子把能量扎根，同時保持覺知與專注力。

幫助過動症孩子回歸平衡的方法

（與喉輪有關的討論，請見第232頁的表格。）

色彩靜心與佩帶水晶

色彩靜心與佩帶水晶可以平衡喉輪，因此，對於容易衝動與注意力缺失的孩子有不錯的效果。如果要進行色彩靜心，可以看看孩子是不是被喉輪的顏色所吸引（藍色或土耳其藍）。如果孩子選了別的顏色也不要驚慌失措，讓他們自己選一個他們覺得舒服自在的顏色。我們是和孩子的直覺一起實作，而不是邏輯。

聲音靜心

這個方法是將肯定句與聲音的振動結合在一起。當你說話時，你會聽見字詞，不過在能量上有個振動（物質的和非物質的）會流經你的身體。你透過喉嚨發出聲音，喉嚨又和耳朵連結，所以聽和說之間就產生了一種平衡。

要孩子把注意力放在喉嚨，有個簡單的方法，就是讓他們感覺說話時，喉嚨所產生的振動。當他們發出「嗯」（mmm）這個聲音時，將他們的雙手輕輕地放在喉嚨上，然後要他們重複，並且閉上眼睛。接著，要他們深深地吸一口氣，在感覺舒服的情況下，將「嗯」發得越長越好，像這樣多做幾次。

孩子會感覺到手上的振動，這會鼓勵他們更加專注，而發出的聲音也會幫助能量變得平衡。現在，當他們吐氣時，要他們發出「哈姆」（haaammmmmm）的聲音，這個聲音的振動能特別針對喉輪能量的平衡。你可以多做幾次（孩子可能會咯咯笑），問孩子，這個聲音的振動感覺起來是不是有什麼不一樣？如果他們把雙手都放在脖子上（一隻手在上，一隻手在下），問他們能不能感覺到振動的位置在改變？要他們繼續嘗試，繼續注意看看，這對專注力也有助益。

讓孩子繼續把手放在脖子上，不過現在要他們將「我是」說成「我……是……」。繼續重複「我是」的練習。如果你想，也可以要孩子把句子完成，加入他們想要的字眼，像是：「我是平靜的」、「我很搞笑」、或是「我在笑」。你也可以示範給孩子看，看看結果會怎樣，然後要他們用自己喜歡的字眼繼續練習。

如果孩子沒辦法說話，或是太害羞，讓他們照著上面的指令進行，但是不要發出聲音，只要想像他們正在發出聲音就好。有時候你可以先沉默，然後再出聲，接著輪到他們出聲，然後再沉默（使用想像力）。身體在生理上會回應我們的想像，所以即使他們沒有大聲說出來，他們的身體仍然可以感覺到這些字詞，並且有所回應。

唱歌

唱歌是運用喉輪的美妙方法！你不用擔心會走音，只要選一首歌　好好地唱，這就是一個使用喉輪的好方法。為了讓唱歌更強而有力，你可以鼓勵孩子把手放在肚子上，把空氣都擠出來，增加他們唱歌的音量。

吟唱和唱誦

這個練習要求持續發出同樣的聲音，透過喉輪，讓振動的聲音和能量流經全身。一次使用一個母音，接著讓孩子在不同的母音之間轉換，最後在吐氣時發出聲音。舉例來說，你從「A」開始，發出聲音時再轉換到「E」。孩子臉部的表情會改變，以便轉換聲音，而在他們的喉嚨中，振動也會有變化。當他們習慣了喉嚨中聲音振動的感覺（透過手來感覺），就可以試著把手放下，並且要他們注意看看，是否能在身體的其他部位感覺到不同的聲音。祝你們玩得愉快！

個案分享：過動兒約翰的故事

你可能還記得，我在前面提過：左腦和邏輯的、實用的思考有關，而右腦和創造有關。讓我告訴你這個過動兒小男孩為我上的寶貴一課。

約翰在七歲時就被診斷為過動兒。一開始是由職能治療探訪護士來照顧他，因為他的行動很笨拙，也沒有什麼空間感，那時大家以為約翰得了動作協調能力喪失症。而職能治療師認為約翰可能還患有輕度的自閉症，所以要求約翰去做進一步的諮詢。最後，約翰被診斷出過動症，並且開始服用藥物來保持各種症狀的平衡，像是睡眠問題。約翰的母親表示，她認為約翰表現出來的某些行為舉止像是自閉症。她是一個單親媽媽，獨自撫養一個兒子和一個女兒，和她的父母住在一起。同時，她還是一個全職學生，所以有許多課業和考試上的壓力。

我第一次見到約翰時，看得出來他充滿活力，在椅子跳上跳下，沒辦法把注意力集中在任何地方。我要他和母親一起參加練習，然後我就帶著他們進行一個簡單的色彩靜心。

在我們開始之前，約翰告訴我，他喜歡數學和數字，不過討厭任何創造性或是藝術性的活動。我聽進去了嗎？沒有，我並沒有把他的話聽進去！結果是，他為我上了重要的一課。

我感覺到他不是很想加入我們。我在想，可能只是因為他的母親覺得這樣做不錯，所以他才來，於是我鼓勵他的母親加入我們。然而，約翰的母親卻因為孩子的舉動，以及顯而易見的缺乏興趣而常常分心。約翰躺在地上，我向他解釋，我要帶著他進行色彩靜心。

開始靜心

當約翰躺在地上，我們試著做一些放鬆練習，但是他顯得很不安。我要他想一種顏色，他聳聳肩說：「我想不到任何顏色！」我要他想想他最喜歡的顏色，他給了我一模一樣的回答。我要他試試看，假裝一下，所以他說：「藍色。」我知道他這麼說，是為了讓我不要再用這個問題煩他。我要他想著這個顏色，讓這個顏色包圍著他，最後把這個顏色吸進自己的身體。這個時候，他已經跑到沙發上，躺在那邊，踢著他的腿。他似乎沒有把多少注意力放在靜心的引導上，我們又堅持了一下，當我一喊停，他立刻從沙發跑到隔壁的房間，再度充滿了活力。

觀察

約翰的案例很有趣，但我必須很誠實地說，它並不成功。不過我知道原因，當我回到家後，我反思了整個狀況，我知道這次的引導式靜心一點效果都沒有。我把整個經過告訴我的先生，他帶著明晰的洞見告訴我，既然約翰對任何與創造力相關的事物都不感興趣，那麼，色彩靜心很顯然就不是「他的菜」。既然他對數學有興趣，也許當時我應該問他最喜歡的數字。對我來說，這是寶貴的一課。我們的大腦有兩邊：左邊掌管邏輯的、線性的思考，右邊和想像力與創造力有關。有些人兩邊比較平衡，靜心可以幫助平衡左腦與右腦。就像我要約翰想像一個顏色，我本來也可以鼓勵他想像一個數字，然後坐在這個數字裡，或是讓這個數字包圍著他。雖然就想像而言，困難還是一樣的，不過既然使用數字可能會讓他覺得自在一些，也許就會啟動右腦，讓右腦變得活潑一點。這麼做可能會讓左右腦變得平衡，而不是讓他固守在令他覺得安心的邏輯上。

已經有好多年了，我家過動症的孩子在睡前都要聽靜心CD，裡頭的音樂能讓他放鬆。他好喜歡！

——家長

第十四章

自閉兒靜心

我們的孩子在各方面都相當的敏感，因為這樣，他的腦袋變得越來越強而有力，一整天下來，就好像超音速一樣。我們發現，靜心可以讓他的腦袋慢下來，給他的腦袋一個小空檔，幫助他回到一般孩子的速度。

——家長

踏進自閉兒的感官世界

關於自閉兒的描述，有著各式各樣的說法。對於某些家長，如果孩子的過動症被歸類為自閉症的一種，他們就會覺得生氣，雖然我聽過有些教育人士就是這麼看待過動症的。我向你保證，我無意冒犯任何人，不過就我的經驗，我對自閉症的成因有不太一樣的看法。

自閉症的孩子，有些症狀非常輕微，可能會被歸類為過動症（注意力不足過動症），有些則是高功能自閉症（像是亞斯伯格症候群），也有些會表現出更極端的症狀。我的感覺是，自閉症的孩子都是獨特的，而且每個孩子都不一樣。在某些方面，他們對世界的經驗和覺知，與一般大人和其他孩子有著極大的差異。

我認為對自閉症的孩子來說，他們的能量不如我們扎根，因此，他們的身體感官就會過度暴露在周圍的能量之下。請容我再說清楚一點。

當你使用收音機，你轉開調節器，一開始你會聽到嘶嘶的聲音，最後，收音機會抓到無線電台的訊號，你就會收到清楚的聲音與音樂。這個比喻說明了，我們大多數人都能夠很容易、很清楚地透過我們的感官接收主要的能量訊號。有些自閉症的孩子覺得很難和這些訊號調頻，因而被困在兩個「電台」的訊號之間，只能接收到嘶嘶的聲音（干擾）。另一些孩子沒有困在兩個訊號之間，能比一般人接受更多的訊號，就像有些收音機可以接收幾千哩外其他國家的訊號。因此，和我們相比，這些孩子必須處理更多的訊號，他們對世界的認知也就和你我不同。

我們身體的感官就好像過濾器，幫助我們連結與理解這個世界。我們用眼睛看見光線，不過也可以用皮膚感覺光線——如果它暖暖得像是陽光一樣。我們的身體和感官是用來應付周遭世界的，以讓我們維持一種平衡的狀態（體內平衡）。比如說，如果你在太陽下坐太久，或是沒有防護措施，可能就會因為脫水而必須喝點水，或是因為皮膚發燙而必須離開陽光。我相信，對於某些自閉症的孩子來說，他們的過濾器比我們的還要開放，所以他們無法濾除那麼多的資訊，同時他們也對環境，特別是環境的變化，相當敏感。

舉例來說，如果我們看見一個燈泡，我們的感官會偵測到光線，根據我們與光源的距離，也許還會偵測到熱度。我們看見光，就像大多數人一樣，這看起來很稀鬆平常。然而，自閉症的孩子對於這樣的「訊息」可能具有更多的覺知，這樣的光線對他們來說就好像六百瓦或是六千瓦的燈泡。對我們而言，這樣的亮度是無法承受的，我們可能會把臉別開，遮住雙眼，或是想辦法把它關掉。我們會採取任何必要的手段在環境中生存。自閉症的孩子也會回應環境，做他們所能做的來應對，保護自己免於感覺器官超載。

另一個例子是聲音，我們可以透過它來了解對於自閉症的孩子而言，世界是什麼模樣。我們都知道當救護車從街上呼嘯而過時，嗚笛的聲音可能會傷害我們的耳朵。自閉症的孩子對於某些特定的聲音可能特別敏感，就好像狗會對狗笛有反應一樣，但是一般人沒有辦法聽到狗笛的聲音。為了避開這樣的聲音，過動症的孩子會像我們一樣摀住耳朵，他們也會做他們能做的事情來保持平衡，即使身為大人的我們根本聽不到這些聲音。

想想看，有時候你站起來，突然覺得頭暈（一陣天昏地暗），然後有幾秒鐘的時間，整個世界變得模糊不清，你覺得自己就快要跌倒了。這時候，你會怎麼做？你會把雙手放在兩側，試圖保持平衡。鋼索表演者也是這麼做，來保持他們與鋼索的連結。我相信，當自閉症的孩子像這樣在身體的兩邊揮動雙手時，他們透露的訊息是，他們的能量沒有扎根、覺得不安全。當然了，很難確定真的就是這個樣子，不過我相信，他們這麼做是在穩定能量、使能量扎根。作為大人，我們看到的就是不符合我們認知標準的、奇怪的行為舉止。但我們不是這些孩子，我們沒辦法知道他們真正的感覺或想法；我們能做的，就是讓他們在那個當下做他們必須做的，讓他們感覺更平衡一點。

為了讓你了解我對自閉兒的認識，這裡還有另外一個例子，和貓的世界有關。我養了兩隻貓。你可能知道，貓透過牠們的鬍鬚和嗅覺，對於聲音、振動及氣流都超級敏感。當牠們回到自己的窩，牠們會花許多時間摩擦家具和家裡的人來標誌自己的領域，牠們也藉著這個動作找到自己在環境中的定位。當牠們透過這樣的超級感官來「知道」環境裡的一切，就會覺得舒適與安全。當我們決定添一件新家具，貓咪可能會覺得著迷或是害怕，然後花上許多時間在上面磨蹭，直到家具有了牠的味道，牠才可以把這件家具納入牠的世界。自閉症的孩子對於環境可能就像這樣超級敏感，也許他們不斷重複的行為舉止，就像貓咪磨蹭同一件家具一樣，幫助他們與環境連結，進而得到安全感。或許這就是為什麼，有些自閉症的孩子在東西被移動或拿走之後會那麼地生氣，對他們來說，這是天大的改變。某些物品能幫助他們感覺扎根、與環境連結，一旦少了這些東西，他們就變得不穩定。

這些例子是要幫助你了解，我們所經驗到的世界和自閉症孩子所經驗到的世界，有著許多的不同——不只是他們所看到的（遮住眼睛），碰觸到的（不喜歡穿衣服或想要光著身子），聞到的（氣味），聽到的（摀住耳朵），嚐到的（食物不耐症），以及對他人能量的感覺。然而，並非所有孩子的表現都一樣，因為每個孩子都是獨一無二的，每個孩子在能量的光譜上都有自己的位置，並且和我們共享能量的流動。

自閉兒如何回應負面能量

美國愛萌計畫的創辦人發展了自己的方案，所以他們可以「碰觸自己的兒子」（見第27頁說明）。我曾經和一些自閉兒的家長談過，有些家長告訴我，他們很難和自閉症孩子做情緒上的交流；他們說，他們的孩子活在自己的世界裡，就好像是活在異鄉的陌生人。也許從我剛剛提供的例子，你會開始了解，為什麼孩子會有這樣的反應。

當我們（成人）處於平衡狀態，我們的能量會安定、寧靜、並且充滿喜悅。想像一下，當我們的能量是安定的，它感覺起來就像是一條柔軟又舒服的毯子。如果我們有負面的思緒，覺得生氣、情緒化、焦慮、緊張、或是感覺壓力很大，我們的能量就改變了，會變得刺刺的、鋸齒狀的，像是刺蝟一樣。或許你會注意到孩子能感覺到這些事情，尤其是如果他們有自閉症的話，他們能夠感覺到其他人的能量，然後被迫反應。即使你覺得你將這些負面情緒「隱藏」得很好，或是壓抑它們，孩子仍然感覺得到，並且會對它們產生反應。

我相信所有的孩子都會以一種微妙的、敏感的方式，注意到我們的能量，因此對一個比較小的孩子來說，面對一個生氣的人是非常恐怖的經驗。對自閉症的孩子來說，即使憤怒或是挫折的對象並不是他自己，他也會注意到這些負面能量。比如說，如果你今天工作不是很愉快，回家時還在你的系統內攜帶著這些能量，自閉兒都會感覺得到。我一開始和自閉症的孩子一起互動時，對於要去幫助這些孩子安定、集中注意力、平衡能量，滿懷許多的想法，覺得很興奮。有些方法有正面的、有趣的影響，舉例來說，幫助孩子在睡前放鬆。我也發現，有些家長反而被他們的孩子「教導」怎麼變得更安定、更寧靜。換句話說，當家長教孩子怎麼放鬆、靜心、感覺平靜時，他們自己也開始獲益，覺得更放鬆。孩子們有樣學樣，以此回應圍繞著他們的「能量之海」。

自閉兒都是獨一無二的

我從來不認為你可以在一分鐘之內改變你自己，把憤怒或是沮喪的感覺，瞬間變為心平氣和與寧靜。這需要練習、練習、以及更多的練習。不過，第一步就是要認出這些情緒，同時接受它們。

我從自己的靜心練習中獲得一個洞見，那就是，每個自閉症的孩子都是獨一無二的。我們不是要去改變他們，使他們適應我們的生活；相反地，和他們在一起時，我們必須慢下來，必須冷靜，並且更加地「活在當下」。

有一個重點我必須說明，要和自閉兒相處，必須帶著他們都是獨一無二的這樣的覺知來接近他們。我遇過一些自閉兒的家長，他們經常只想要找尋一套單一化的、簡易的指導方針，得到一張解除他們困境的藍圖或是地圖。我並不是在批判抱持這種想法的父母，對他們來說，生活想必是相當令人筋疲力竭的。然而，沒有地圖這種東西。我希望這本書裡有一些路標，不過其中有一些可能不適合你。但願我的建議能夠鼓勵你去發現屬於你自己的地圖，這麼一來，你就能夠「碰觸你的孩子」，引導他們走在自己獨特的道路上，而且是你們一起走，有時候是你引導他們，有時候會變成他們引導你。

如果你從來沒有接觸過靜心或能量治療，要接受書中的一些理論或概念，可能會有些困難。但是如果你能夠這麼想：我們共享能量就好像我們共享呼吸的空氣，那麼，或許你會以一種新的眼光來觀察你的孩子。帶著覺知，你會發現，你的孩子已經盡其所能地去面對，這個對他充滿要求、而且有時是相當令人害怕的環境。

個案分享：亞斯兒麥特的故事

當時，麥特十歲，而且早在幾年前，他就被診斷出患有亞斯伯格症候群。他的母親說：「為了讓老師和學校知道麥特不是問題兒童，只是有自閉症，真是費了我們好大的心力。」在麥特的父母拿到亞斯伯格症的診斷書之前，沒有任何機構願意幫助他們，他們可以說是窮途末路。麥特的哥哥彼得就沒有拿到診斷書。麥特沒有進行任何藥物治療，不過，我鼓勵他們全家都可以試試看巴赫花精療法（見第304頁）。

開始靜心

首次拜訪麥特

我不知道該抱著什麼樣的期待，因為麥特是我第一個自閉兒的個案。麥特的母親首先和我說明麥特行為發展的歷史，幾分鐘過後，麥特熱情地邀請我參觀他最近才裝潢好的臥房。得到麥特媽媽的允許，我和麥特到了他的房間。麥特很喜歡說話，所以我直接切入靜心，問他想不想試試看，他說好。目前為止，一切都很順利。

我請麥特想一個顏色，他已經躺下了，不過我看得出來他很緊張。他坐起來，問我，他可不可以用畫的，所以我知道他必須要看到這個顏色，才能夠想它（一開始）。他拿色筆在紙上畫了一些顏色，然後又躺下。藉著肌肉的緊繃與放鬆，我帶著他做了一些簡單的放鬆練習。他的注意力沒辦法維持很久，所以對我來說相當重要的是，沒有時間可以浪費。他選的第一個顏色是綠色。他繼續使用綠色，也可以感到綠色充滿了他的胸部（綠色是心輪的顏色，它是物質能量與非物質能量的一個平衡點）。接著，他選擇了紫色（紫色是頂輪的顏色，和「靈性的、整體的狀況」有關）。當我要麥特把綠色吸入身體，他變得有些不自在，他不想把顏色往下帶到腳底，於是我們先停下來。麥特為我展現他的音樂才能，他第一次學樂器彈奏，那是一把高音直笛。時間差不多，該是我離開的時候了。當我說再見，麥特給了我一個大大的擁抱和微笑。很多自閉症的孩子不會表達情感，看來麥特也是其中之一。而在第一次拜訪之後，有趣的是，有些東西已經改變了。

第二次拜訪

幾個禮拜後，我再次見到麥特。這一次，我試著多花一點時間與麥特的家人相處。生活對他們來說就好像是一陣旋風，所以我無法得知在第一次的拜訪之後，麥特過得怎麼樣。這次，我為麥特與他的哥哥帶來了一些水晶，我要他們兩人選一個自己喜歡的。麥特選了紫水晶，它和頂輪連結；他的哥哥則選了虎眼石，它和太陽神經叢有關。我們嘗試了一些非常簡單的靜心，他們的媽媽也加入我們。他們閉上眼睛，用手指碰觸水晶，感覺水晶的表面、重量、溫度等等。我用話語引導他們，不過，我可以看到麥特有些坐立難安，即便這樣，我們還是持續進行了十分鐘。因為麥特的媽媽提過麥特有睡眠問題，所以我建議她，可以把紫水晶放在麥特的枕頭下，來幫助他的睡眠。她還提到，麥特很喜歡水晶，他在房間收集了很多水晶。所以猜猜看，接下來我們去哪裡靜心？

我們到麥特的房間，麥特向我們展示他的水晶。我問麥特的母親，我能不能在麥特身上進行靈氣治療。我請麥特坐直，在沒有碰觸到他的情況下，把手放在靠近他頭部的地方（靈氣治療通常從這裡開始）。過了幾分鐘，他轉過身，問我是不是可以把手放到他的腳邊，而不是頭。我欣然答應，然後我們一個一個做完了所有的脈輪。我注意到麥特沉默了一分鐘，然後說：「沒有感覺。」接著，我就把手移往下一個脈輪。我覺得他是在告訴我差不多了，他的脈輪中心在那天已經吸收了很多，不能再繼續了。我建議麥特的母親可以學靈氣，這是一個很棒的自我療癒與靜心的工具，對疲累、焦慮的家長也很有幫助，同時也可以支持她的兩個孩子，尤其是麥特有睡眠問題。她同意了，後來也來參加我的靈氣課程。

前兩次靜心的回饋

我建議麥特的母親，不要因為麥特靜心時間的長短而感覺氣餒。有時候一分鐘就已經是個奇蹟，雖然我知道家長總是有著更高的期待。一開始看起來可能沒有很多，但是對一個從來都坐不住、一直問問題的孩子來說，一分鐘靜心是非常激勵人心的。

麥特的母親說：「我覺得，麥特在禮拜五的傍晚的確是比平常更平靜，我帶著他和家裡的狗外出散步，去撿七葉樹的果實，他看起來很放鬆。另外，我不確定是不是因為療程的緣故，我沒有像以前那麼悲傷了，所以這應該是件好事！」

麥特的母親學了靈氣治療後，她告訴我：

我還沒有進行過自我療癒，不過週六靈氣課程結束、我回到家時，麥特要我「對他做一下」。所以當他躺在床上看電視的時候，我就對他施做靈氣。我很簡短的從頭到腳做了一遍，接著他又要我做一遍。後來當彼得要睡覺時，我也對他做了一次。昨夜，麥特聽著靜心CD的音樂「守護之樹」睡著了。在靈氣治療過後，麥特似乎變得有點「肉麻」——我沒有其他更好的形容詞了！這個禮拜有一天早上，他爬到我們的床上來要一個愛的抱抱，他已經很久沒有這麼做了。我仍然在喝巴赫花精（只有我），一天至少四次。我們真的很感激你為我們所做的一切。

第三次靜心

第三度拜訪

這次，我決定帶著頌鉢和西藏碰鈴。我把頌鉢和碰鈴拿給他們，讓他們自己玩，發出聲音，看看它們怎麼製造聲音（就好像我們用沾濕的指頭摩擦玻璃杯口的邊緣）。這兩個男孩很喜歡弄出聲音來！當孩子們在玩的時候，我要幫他們的母親進行一次靈氣治療。兩個男孩答應回到自己的房間，雖然媽媽擔心待會兒他們又會吵架，然後製造聲音。然而，在靈氣治療開始的五分鐘內，整個屋子就變得靜悄悄的。在治療的過程中，麥特進來房間，他拿了一個東西，走到媽媽旁邊親了一下她的額頭。之後，麥特的母親告訴我，麥特幾乎沒有這麼做過。

第三次靜心的回饋

非常謝謝你禮拜五的拜訪，我覺得我們全家都獲益良多。現在，巴赫花精療法也進行到一半，我和孩子都開始使用花精。接下來，我想要我那抱持懷疑論調的老公也試試看！

我發現了一個免費的資源（請見第313頁），因此也建議他們試試看規律的線上靜心，這是一個四十天的課程，每天有一個不一樣的靜心。這個網站的靜心老師蘇珊・凱澤—格陵蘭（Susan Kaiser-Greenland），為小一點的孩子提供了四分鐘的簡短靜心，也有針對大一點的孩子較長時間的靜心。麥特的母親決定要試試看，就上網把內容下載到她的MP3播放器，每天都聽。以下她跟我分享了靜心的進展和收穫：

> 我們現在嘗試線上靜心，我想讓你知道我們的進展。每天孩子要睡覺時，我會帶著麥特進行簡短的靜心，和彼得則是進行長一點的靜心。結束之後，用不了多久時間，他們就會睡著了。最棒的是，結束之後我還相當有精神，這麼一來，我就不用跟著兩兄弟早早打瞌睡了。

麥特已經完成四十天的靜心。有些晚上，他會讓我握住他的腳，不過有些晚上則不行。我們可以放鬆、安靜地坐在一起，這真的很美妙。因為以前要睡覺時，麥特的腦袋常常像是在賽跑，讓他想要講話。

第四次靜心

第四度拜訪

我邀請他們來我家，我想看看兩個男孩在陌生的環境會有什麼反應。我有兩隻貓咪，以及一大堆水晶！麥特對我的房子感到著迷，他一吋一吋地對每個地方進行探索——樓上和樓下！我發現，雖然麥特精力十足，但他觸碰寵物的時候是很溫柔的，還會一邊對牠們說話。我問麥特的母親和彼得，要不要一起靜心一會兒。麥特不想靜心，他想畫畫，所以我給他一枝筆和幾張紙。當我開始播放西藏碰鈴的音樂，麥特聽見了，就停下手邊的事情（記得，他跑個不停），站著聽了一分鐘。

我帶著麥特媽媽和彼得進行一個引導式靜心，麥特躺在我旁邊，安靜地畫畫。事實上，在這段時間，他完成了一則漫畫，沒有發出半點聲音。當靜心結束後，他變得更有活力，也比剛到我家時更平靜。

觀察

這次的拜訪，讓我注意到一些事情。首先，貓咪對陌生人是很敏感的。即便我家的貓咪很友善，但通常也沒有辦法忍受小孩！然而，最敏感的那隻貓，居然對於麥特的撫摸感到相當開心。我想，貓咪和孩子彼此都能夠欣賞對方「敏感的」能量。而音樂對麥特也有著深刻的作用，讓他集中注意力，並且冷靜下來。這段時間裡，麥特的母親也在靜心，而她平靜的能量（她是一個相當具有能量的人）似乎也能讓麥特保持平靜。

帶領自閉兒靜心的訣竅

瑞秋仍然很享受靜心，靜心給我們一個方式，讓我們可以靠近對方、連結對方，同時又保持身體不被碰觸（由於她感覺系統的問題，我們並沒有太多擁抱與觸摸）。

——家長

首要之務是平衡你的能量

你可能會迫不及待地想和孩子試試看這些方法，但是如果你自己都不覺得平靜，這反而會變成你和孩子的一個挑戰。如果你是自閉兒的家長或是照顧者，可以想見，你的壓力可能很大。為了讓靜心發揮最大的效用，保持平靜，或者至少去承認、處理你的感覺，是很重要的。你可以試試看自我覺察的方法（見第八章，第155頁），這麼一來，你就可以對當下、對呼吸、對你的感覺有所覺察，這個簡單的動作能夠幫助你解開糾結，平靜下來。

你可以自己先試試看，即使是晚上躺在床上時都可以練習。等到你比較有感覺了，也可以在工作時、淋浴時、等公車或等紅綠燈時、泡茶時練習，最後，你就可以跟孩子一起練習了。如果這麼做的時候，會引發許多感覺和情緒，請將它們統統釋放。它們不會自己離開，我建議你把它們寫下來，之後剪碎或是燒掉，這麼做可能會減輕你的負擔，讓你的能量輕盈一些。當有需要的時候，就多做幾次。

保持扎根

當一個人沒有扎根的時候，常常會覺得不知所措。當孩子進入他們的生命，許多家長常常會有這種感覺，因為為人父母必須耗費許多能量。如果你能保持扎根，就會覺得比較可以集中注意力、專心面對問題。試試看扎根靜心，用視覺化的方法，讓腳與大地連結（見第249頁的說明）。當你和孩子練習自我覺察的技巧時，如果你覺得有點不穩定，就結合呼吸，把腳繃緊後再放鬆，讓自己扎根。

退後一步，海闊天空

很多大人覺得必須去規範孩子。我同意孩子需要界線，不過除非他們真的傷害到自己或其他人的身體，否則就隨他們去吧。退後一步，帶著覺知，但不帶批判地觀察你的孩子。如果你批判他們，希望他們有所不同，請尊重這些感覺，然後把它們放掉。即使這些感覺變得很強烈，繼續呼吸，承認它們的存在、接受它們、然後放下它們，這對你的能量與自我覺察是強而有力的釋放。面對這樣的時刻，繼續帶著順其自然的覺知，就只是看著你的孩子。

開啟並感受心輪的能量

位於我們胸口的這個能量中心，意味著接受自己的本來面目，接受那些與我們一起生活的人，以及接受生活本身。心輪的能量代表著無條件的接受。當我們想要控制的時候，會使用太陽神經叢的能量，這麼做時會耗費大量的心智、情緒與身體的能量，使我們感到枯竭。如果你試圖透過太陽神經叢去控制能量，這個地方將會變得很緊繃。相反地，試著想像胸口上畫了一個微笑，或只是簡單地想著胸口，然後注意它。把注意力帶到呼吸的旅程，氣息進入你的胸口，氣息離開你的胸口，想像氣息包圍著你，就好像一張由能量組成的柔軟毯子。當你從太陽神經叢的控制中心離開，來到心輪柔軟的能量，你就賦予了自己內在寧靜的智慧。

辨識你的壓力源

造成壓力的主要問題是什麼？你的孩子需要你留意他？或是不聽話、不睡覺，有奇怪的、反覆的行為？這些行為需要被改變嗎（比如說，是不是會造成傷害）？把主要的問題抓出來，將它們分解成：「什麼事？什麼人？為什麼？什麼時候？」然後運用一些創造力，想一些你可以付諸實行的簡單方法，看看事情會有「什麼樣的」變化。試著去連結你的創造力，進行創造性的思考，而不是邏輯思考（見第八章）。

正視飲食問題

是不是有任何飲食的問題，導致孩子不適當的行為呢？你能夠記錄孩子的情緒與行為地圖，並且記下他們在哪些時候吃了什麼東西嗎？關於食物對孩子的影響，我在「附錄」的延伸閱讀（第315頁），有推薦一本很棒的書供你參考。

勇敢的走向戶外

我曾經和一些家長聊天，他們說，他們花了許多時間待在家裡，就是為了避免和其他人互動，因為有些人可能會批評他們或他們的孩子。對每一個人來說，花點時間享受新鮮空氣是一定要的——去花園、去公園、或是去海邊。在大自然裡消磨時間，是你可以為自己和孩子所採取的方法中，最讓人扎根和平衡的一步。

頌缽

我發現，頌缽對自閉症的孩子特別具有安撫效果，我想那是因為頌缽的音調會與身體的脈輪中心產生共振。簡單地播放頌缽的音樂，或者是透過頌缽音樂靜心，會讓你和孩子變得更寧靜。

水晶

水晶是靜心時非常有用的工具，它能幫助平衡。僅僅只是握著一個水晶，或者是把它放在口袋裡，就會有所幫助。使用水晶靜心也是很有助益的，不過你不需要做任何事，它就會產生作用。記得幫自己、也幫你的伴侶，挑選一個水晶！

紅色襪子

腳是我們身上最具觸感的一個部位，它們和大地連結，因此具有扎根的重要性。試著雙腳平放，踩在地面上，把力氣平均分散到兩隻腳。如果你是坐在椅子上，也可以把腳平放在地上。穿上紅襪子、紅拖鞋、或是紅鞋子來幫助扎根（你的孩子可能也會喜歡這麼做），紅色是海底輪的顏色。或者如果孩子喜歡，試著花一點時間握住或是摩擦他們的雙腳。這些方法都有助於扎根。

放鬆

試試看漸進式的肌肉放鬆方法（把肌肉繃緊，然後放鬆，見第104頁靜心練習5），來鼓勵孩子感覺他們自己的身體。如果他們喜歡你的碰觸，你可以輕輕地碰觸你要他們緊繃和放鬆的身體部位。

生活規律

我發現，有些自閉症的孩子喜歡規律。在他們的感知中認為危險的世界裡，結構能夠帶給他們一種安全感。如果你能夠安排靜心時間表，大清早、白天或下午，這能鼓勵孩子在生活中規律的嘗試靜心。試著和孩子一起做，這樣，你也可以從規律的練習中受益。練習的時間從短短的十個呼吸，到一個完整的色彩靜心都可以。

呼吸與身體

如果你的孩子喜歡呼吸靜心（見第118頁靜心練習6），你可以要他們選擇身體上的某個區域，從那個地方開始，然後往上或往下，在每個身體的部位都稍微停留幾個呼吸，然後再移到下一個地方，問你的孩子接著想要到哪裡去。這個練習可以啟動脈輪中心，並且幫助孩子集中注意力。

透過腳來呼吸

將身體的部位與呼吸結合，有助於你和孩子扎根。你可以使用意象（像是樹根），或是觸覺的方法（緊繃與放鬆肌肉），來幫助孩子的能量扎根。

有助於扎根的手印

如果你翻到本書第十三章，和過動症的孩子一起靜心實作（見第241至243頁的說明），你會看見一些稱為「手印」的手勢，學習這些手印對於靜心和扎根非常有幫助。

到目前為止，你已經有很多的「工具」和小技巧可以嘗試！我的建議是，一次先試一項，這樣你就能知道什麼有用、什麼沒有用。你可能會發現，有時候孩子很喜歡其中一個練習，之後要他再做一次，他卻開始討厭它了。這很好，因為它顯示著孩子能量的改變。這時，可以另外再選一個方法或技巧，看看會有什麼進展。在靜心中，沒有對錯。如果有需要，請修改這些技巧來適應你獨特的情況，並且相信你自己的想像力和直覺。

自閉兒和我們並無不同

當我開始就自閉症這個議題蒐集資料，讓我感到驚訝的是，我開始在所謂的「一般人」（包括我自己）身上，發現與觀察到某些自閉症的行為，只不過程度上比較輕微而已。舉例來說，想要秩序與規律的需求，一旦規律被打破就感到焦慮，睡不好，沒辦法好好坐著或是集中注意力，情緒上感到疏離，無法社交，只對科學、數學、電腦感興趣等等。想想看，大人和孩子活在同樣的能量光譜上，我們彼此連結著，以我們自己獨特的方式去體驗和這個生活光譜的關聯。讓我們一起思考這個議題吧！

第十五章 送給家長和老師的自我放鬆方法

我從十二歲開始就和我的阿姨、祖母一起靜心……現在我四十幾歲了。我們家十歲和十五歲的孩子也跟著我每天靜心，靜心可以紓解我日常生活裡的苦惱。如果有時間，我覺得每個人都應該靜心！

——家長

靈氣的益處

除了教導靜心，我還會教一些補充的療法，其中一個治療系統就是靈氣。

在靈氣一階的訓練裡（教你如何自我療癒，以及幫朋友、家人一起做），你會學到關於靈氣的一些原則。不管你有沒有受過靈氣訓練，身為家長或是教育人員，這些原則都能幫助你保持平靜。就算你沒有孩子，靈氣還是可以幫助你面對人生的挑戰。

句子像是「就在今天」，鼓勵你活在當下。首先，簡單地把注意力帶到呼吸，吸氣的時候，讓「只為今日」充滿你的胸腔；吐氣的時候，把「我將不會擔心」呼出。這麼做有下面幾個好處：

- 能幫助你把注意力放在呼吸上。
- 能幫助你活在當下。
- 能幫助你更加清明地覺察自己的煩惱。
- 能幫助你接受這個煩惱。
- 能幫助你釋放這個煩惱（以及和這個煩惱相關的情緒與思想，這些情緒和思想可能是非常消耗能量的）。

我教學生在靜心時使用這些句子，這些句子能讓他們處於當下，感覺平靜，同時釋放負面的思想與情緒。有時候，我們就只是專注在他們最有感覺的句子上面；有時候，我們則會一個接一個使用所有的句子。即使你對這些句子沒有感覺，只要坐下來，像我剛剛說過的，試著把它們和你的呼吸結合，看看這麼做的時候，你有什麼感覺（自我覺察）。如果你在一個句子上多停留幾個呼吸，你就會有足夠的時間去調整、去覺察，看看你有什麼感覺，看看你對這個句子有什麼反應。

以下是我在教學時所使用的靈氣守則：

- 就在今天，我不擔憂。
- 就在今天，我不生氣。
- 就在今天，我誠實說出真心話。
- 就在今天，我愛護與尊重一切萬有。
- 就在今天，我對一切萬有充滿感激。

一則用靜心回歸平靜的小故事

我將這些原則教給一些學校的老師，其中有一個老師對於這些句子、還有把它們和呼吸結合這件事，感到懷疑。不過，後來她告訴我一個有趣的故事，我想和你分享：

在靜心課之後的一個禮拜，有一天當她要出門上班時，發現垃圾車把垃圾帶走了以後，竟然將鄰居家的垃圾桶全部放在她的車子後頭。總共有十四個滑輪垃圾桶，她只能一個一個搬開，這樣她才能把車子開出去上班。在搬到最後一個時，她心中已經充滿怒火。開車的時候，她手握著方向盤，心裡已經想好一封要寫給地方行政機構的信。等紅綠燈的時候，她突然想到靈氣的原則，所以決定讓自己結合呼吸做個幾次。當她進行到「就在今天，我將會平靜」這個句子時，她一直重複唸誦，直到她抵達工作地點。到了學校，她發現自己已經不生氣，也不想寫那封信了。更重要的是，她發現如果自己帶著憤怒走進教室，她的能量可能會帶給孩子負面的影響。孩子就像鏡子，當他們碰到某些能量，像是憤怒，立刻會有所回應。這位老師了解，這樣一來，這一天可能會陷入混亂之中。而當她結合呼吸來使用這些句子時，她發現自己變得比較平靜，並和孩子在學校度過平和的一天。

這個故事告訴我們，做一些練習來讓自己保持平靜，是很重要的。如果你覺得平靜，孩子也會將平靜反映給你。

第十六章

靜心之外的方法與工具

你買這本書，可能是想要教孩子正念和靜心，不過請試著將這本書當作是一個階梯，而不是最終的目的。這本書給了你一些實用的建議和想法，不過還有很多其他的選擇（其中有一些類似靜心）也可能對你有益，甚至更符合你孩子的需求。我把這些選項列在下面，供你參考。

動態靜心

一般人通常認為靜心是坐著的、靜態的練習，不過有一些動態靜心可能同樣地有效，而且特別適合某些孩子。動態靜心的目的和靜態靜心是一樣的——發展自我控制和覺知，幫助頭腦集中注意力，並且在生理上、心理上、還有情緒上將身體帶回平衡。動態靜心把覺知和呼吸以及身體結合在一起，但是它特別和動作有關。如果孩子覺得靜靜地坐上一段時間有困難，那麼動態靜心可能就是你需要的。如果孩子覺得動態靜心很棒，它甚至會是個開始，讓他們在將來可以考慮好好地坐著靜心。

關於動態靜心，我會建議氣功、太極拳，還有兒童瑜伽。我把關於這些練習的詳細資訊列在下面，不過我還是會建議你尋求合格老師的協助。

氣功

我所知道的氣功，是用來作為太極拳的「暖身」，發源自幾百年前的中國，將呼吸的覺知與身體的動作結合，幫助「氣能量」在能量系統（由心智、情緒與物理元素所組成的身體）中流動。氣功在中國被廣泛地修鍊，在呼吸與橫膈膜上產生作用，因而被當作舒壓的輔助練習。

太極拳

太極拳發源自好幾個世紀以前的中國。在西方，我們視它為一種理想的「低衝擊運動」，能幫助我們發展對個人能量的覺知（在太極拳中稱為「氣」）；又因為它結合了呼吸與身體動作，對於身體、情緒、心智都有益處。如果一個人想要學習武術，太極拳也被視為是一個武術的預備練習。

瑜伽

瑜伽是另一個發源自印度的古老練習。瑜伽這個字，本身意味著「合一」，它也是印度阿育吠陀醫學的一個部分。阿育吠陀醫學將人視為能量，受飲食、運動、環境（內在與外在）的影響。在西方，瑜伽被視為一種身體的運動，能淨化身體的能量中心，幫助身體在生理上、心智上、情緒上恢復平衡。也許和其他的動態靜心比較起來，瑜伽是更加強而有力的。

其他的靜心工具

曼陀羅

我將曼陀羅視為一種靜心工具，它在許多文化裡和靜心的練習連結在一起。曼陀羅是由黑色和白色所構成的圓形幾何設計，孩子可以帶著覺知將它上色——覺知他們所選擇的顏色，以及他們在著色時的感受。著色的時候，就好像你幾乎可以將你的感覺和思想放進曼陀羅裡。「曼陀羅」這個詞彙意味著「神聖的圓」，而將它上色的過程會帶來平衡，並且釋放阻塞的能量（在西方，我們稱之為釋放恐懼與挫折）。和孩子一起進行這個正念遊戲是很棒的，當他們完成時，你可以觀察他們，看看他們選擇了什麼顏色，這可能意味著某個脈輪在回歸平衡。

你也可以要孩子注意自己在著色時有什麼感覺。他們不必告訴你，不過自己要保持覺知，留意當他們為曼陀羅上色時，自己有什麼樣的感覺。完成的時候，孩子可以輕輕地注視著曼陀羅，把它和呼吸連結在一起，並且將所有不愉快的感覺都釋放到曼陀羅中。之後，他們可以選擇保存這一幅曼陀羅（如果這幅曼陀羅讓他們覺得安全或快樂的話），或是把它剪碎或撕碎（如果這幅曼陀羅讓他們覺得難過或害怕的話）。曼陀羅是種非常療癒的工具，你可以在某些網站下載免費的曼陀羅來著色（見第318頁）。如果你自己想著色，可以試試看用你的非慣用手來畫，這能幫助你挖掘內在的能量。如果是孩子要畫，就不必用非慣用手，不過你還是可以讓他們自己選擇想要用哪一隻手著色，這和他們想要表現的東西有關，譬如感覺或思想。

靈氣

靈氣是一種發源自日本的能量治療形式，我已經教靈氣好幾年了（其中也包括一些孩子，不過通常來學的都是大人）。靈氣以一種靜心的方法來進行自我療癒，這也是靈氣療癒的第一個層面。靈氣第一階段的點化過程（像是深度靜心，能幫助平衡能量），是一個終生的技巧。有些靈氣的守則，像是「今天我不生氣」（見第十五章，第293頁），可以用在靜心裡，或者當作一個可愛的肯定句或真言來使用，藉以幫助集中注意力與保持平衡。我教過一些孩子靈氣，他們的父母告訴我，靈氣為他們的孩子帶來了一些寧靜。身為大人，學習靈氣也能夠讓你保持能量的平衡，並且創造出一個寧靜的環境，作為孩子的靜心空間。

印度式頭部按摩

我也教授印度式頭部按摩，多數人視它為一種穿著衣服的按摩技巧。接受或給予印度式頭部按摩是非常具有舒緩效果的，它也具備了許多靜心的品質，對各個脈輪中心都有正面的、平衡的效果。頭部按摩在印度的社會中、家庭裡被廣泛地使用，是一種滋養的、可以與他人締結關係的體驗。孩子們可以為自己按摩，也可以和別人互相練習，或是幫家人做。這是一種簡單易學的療法，同樣地，也是一項你能受用終生的減壓技巧。我聽許多自閉兒的家長說過，自閉症的孩子特別喜歡被按摩。這是個好方法，也許你可以試試。

結手印

好幾年前，我第一次知道關於手印的事情。雖然手印泛指用來平衡能量，以及支持靜心練習時，身體、眼睛與手的姿勢，不過我只使用手部的姿勢，它們在靜心中有著很好的效果。在靜心中，手和手指頭的位置，以及你與手勢的連結，可以平衡你的能量。手印被視為是一種靈性的姿勢，常常可以在印度的舞蹈中看到。在佛教雕像上也能看見特定的手印，代表著某些特定的精神意涵。我發現，有幾個手印對於初級的靜心班級特別有幫助，能讓大家定下來靜心，還有一個特別能讓我們專心的手印（見第243頁圖2）。

水晶

我也發現，基於水晶就是能量這個概念（記得我們說過宇宙由能量組成，而我們的能量又和環境的能量互相關聯，見第五章），它對孩子來說特別具有安慰效果。水晶就像是一個小儲藏袋，能量被打包起來裝在結晶的形式裡。我們在科技的世界會使用水晶，白水晶帶有潛在的電能，所以被用來製作石英鐘。水晶也對我們有用，因為我們的能量會被水晶影響。不過在靜心中使用水晶的重要考量在於，你必須讓孩子選擇他們要的水晶；他們的選擇總是對的，因為他們的能量會吸引最適合他們水晶的能量。如果你讓孩子自己選擇，你便可以針對他們所選擇的水晶做點研究。如果你這麼做，毫無疑問地，你會更加了解你的孩子，以及他們的能量。

你的孩子會發現，當他握著水晶，或是將水晶放在身上，像是口袋裡，就能幫助他的能量恢復平衡。水晶是非常有用的靜心工具，你不必去想它，只要把它放在靜心的空間中就可以了。

巴赫花精療法

花精療法是巴赫醫生（Dr. Bach）在一九三〇年代發現的。花精做成酊劑的形式，可以直接攝入口中，使用上非常簡單，對孩子並沒有不好的副作用。對大人和孩子而言，花精是用來支持情緒的一個絕佳方法，特別是在一些充滿變動的時期，像是搬家、就學或是考試。

肌肉動力學

肌肉動力學（Kinesiology）能夠測試身體的能量和肌肉對特定問題的反應，它可以測試食物過敏，或是身體上的不平衡，然後幫助身體重新平衡能量。治療師會一邊問問題，一邊輕輕碰觸受試者的手臂，肌肉一旦「啟動」，就代表身體的回答，而這樣的答案並不是透過有意識的大腦。這個療法可以知道你的孩子是不是因為某些營養問題，而影響了他們的能量狀態以及行為舉止。

色彩療法

色彩療法（colour therapy）由受過訓練的治療師執行，利用不同的顏色來辨認議題，並且幫助能量恢復平衡。藉著選擇特定的顏色，治療師可以知道哪個能量中心需要療癒。大部分的孩子對顏色的反應都很好，所以，如果要幫助孩子表達他們的感受，以及了解他們哪裡需要支持，這是一個簡單的方法。對比較沒有想像力的孩子來說，顏色在觸覺上的質感，可以幫助他們辨認他們喜歡或是討厭的顏色。

區域反射療法

區域反射療法（Reflexology）是透過輕柔地按摩手和腳，來釋放身體阻塞的能量。身體的能量線在手和腳的不同區域有會合點，藉由刺激或是安撫這些能量點，我們會覺得更加地平衡。而腳和海底輪連結，當治療碰觸到腳時，如果你的孩子很難集中注意力，腳的按摩會幫助孩子扎根和平衡。

情緒釋放技巧

情緒釋放技巧（Emotional Freedom Techniques, EFT）很容易學，而且對於處理強烈的情緒非常有效。它藉著敲打身體的能量點，同時把注意力帶到一個強烈的情緒，或是造成沮喪的念頭上。敲擊可以釋放阻塞的能量，並且紓解強烈的壓力感受。

致謝

我要謝謝許多人的幫助，我才能在人生的這個點上寫下這本書。這真是不可思議！首先，我要把愛與感謝獻給我的母親，謝謝她在我桀驁不馴的青少年時期，一直包容我，並且教導我靜心。謝謝我的導師金．麥克曼努斯（Kim McManus），他幫助我發展了自己的教學技巧。謝謝所有朋友的信賴，尤其是珊蒂．勞瑞（Sandie Lowrie）、迪．泰勒（Dee Taylor）、琳達．羅傑斯（Linda Rodgers）、賈姬．科翰（Jackie Cohen）、坦尼亞．吉列斯比（Tania Gillespie）、簡．巴克斯特（Jen Baxter）、奇威．卡茲（Kiwi Kaz）、奧黛莉．赫德（Audrey Hird）、琳西．丹儂（Linsey Denham）、布蘭達．巴特（Brenda Bartel）、珍．伯格斯（Jane Burgess）、海索．格林哈（Hazel Greenhalgh）、蘿納．凱拉克（Lorna Kellock）、安．史考特（Anne Scott）、以及雷斯莉．布拉南（Lesley Brannen）。

我也要謝謝前四景小學校長雪拉．朗（Sheila Laing），在一開始大膽地讓我與孩子一起嘗試靜心。謝謝愛丁堡的四景小學，讓我學習怎麼帶領孩子靜心。謝謝麗莎．莫瑞（Lisa Murray）明智的建議。謝謝我們臉書專頁上的朋友，你們寫下的佳句和經驗分享，給了我們許多鼓勵（讀者們可以在書中讀到）。謝謝和我一起工作過的、家有過動兒和自閉兒的家庭們，你們好棒！真誠地謝謝我的姪子萊恩（Ryan）和艾．爾帕（Al Pal），謝謝你們讓我試驗靜心的想法。謝謝我的編輯莎莉．寶森（Sally Polson），她在工作上非常出色，引導我穿越書本編輯的迷宮和出版的世界。

最後且同樣重要的，我要將我的愛與衷心的感激獻給我的丈夫布魯斯（Bruce），他是我最好的朋友，他對我的幫助絕非言語能夠形容。

「再見。」狐狸說。「喏，這就是我的祕密，一個非常簡單的祕密。只有用心，才能看得清楚。事物的本質，是眼睛看不見的。」

——《小王子》，聖修伯里

【附錄】

和靜心有關的輔助資源

蘿倫．莫瑞提供的更多資源

如果你對蘿倫．莫瑞有任何問題或是意見，可以寫信到她的電子信箱info@ilovefgt.com。

如果你對蘿倫．莫瑞的CD或是課程有興趣，包括《孩子，我們一起靜心吧》（初學者與進階者），或是臼井靈氣、印度式頭部按摩、成人靜心課程，請參考她的網站：www.ilovefgt.com以及www.teachchildrenmeditation.com。

在臉書和推特上還有更多實用的文章和靜心資訊：

www.facebook.com/#!/teachchildrenmeditation

www.twitter.com/#!/meditation4kids

給孩子的引導式靜心ＣＤ

下面的靜心ＣＤ都是由蘿倫・莫瑞所錄製，你可以從她的網站上（www.ilovefgt.com/shop）購買：

- 《水晶般的清晰》（*Crystal Clear*）：給五歲以上孩子的水晶靜心。
- 《冷靜地帶》（*Chill Zone*）：給青少年面對壓力時的呼吸靜心。
- 《孩子，我們一起靜心吧》（針對過動症）：幫助過動症孩子的一系列扎根靜心。
- 《孩子，我們一起靜心吧》（針對亞斯伯格症候群）：幫助睡眠與扎根的靜心。

- 《孩子，我們一起靜心吧》（針對自閉症）：幫助扎根、減壓、平衡能量中心的靜心。

給孩子的免費靜心資源

以下是由蘇珊・凱澤—格陵蘭（Susan Kaiser-Greenland）提供，可以在www.talkshoe.com找到：

- 《給青少年的正念練習》（*Mindfulness for Teenagers*）
- 《給兒童的正念練習》（*Mindfulness for Children*）

靜心音樂

如果你要找用來引導靜心的靜心音樂，可以試試看器樂家多特（Deuter）的專輯：《靈氣——光之手》（*Reiki – Hands of Light*）、《佛性》（*Buddha Nature*）、《地球藍》（*Earth Blue*）、或是《風與山》（*Wind and Mountain*）。

頌缽音樂（適用於專注力與呼吸靜心，以及和過動兒與自閉兒的靜心），可以參考多特的《喜馬拉雅》（*Nada Himalaya*）專輯。

鼓樂（適用於扎根和平衡）可以參考音樂家阿努迦瑪（Anugama）的專輯《薩滿之夢》（*Shamanic Dreaming*）。

延伸閱讀

唐娜．艾登（Donna Eden），二〇〇八。《能量醫學》（*Energy Medicine*），Piatkus出版。

安戴爾・法伯（Adele Faber）、依蘭・馬茲麗許（Elaine Mazlish），二〇一五。《怎麼說，孩子會聽VS.如何聽，孩子願意說》，高寶出版。

夏克蒂・高文（Shakti Gawain），二〇一三。《每一天，都是全新的時刻》，遠流出版。

茱蒂・霍爾（Judy Hall），二〇〇三。《水晶聖經》（*The Crystal Bible: A Definitive Guide to Crystals*），Godsfield出版。

一行禪師（Thich Nhat Hanh），二〇〇三。《你可以不生氣》，橡樹林出版。

艾瑞克・哈里森（Eric Harrison），一九九四。《教自己靜心》（*Teach Yourself to Meditate*），Piatkus出版。

那塔莎・坎貝爾—麥克布萊德博士（Dr. Natasha Campbell-McBride），二〇一〇。《腸道與心理症候群：自閉症，注意力缺失／過動症，失讀症，動作協調能力喪失症，憂鬱症、分裂症的自然療法》（*Gut and Psychology Syndrome: Natural Treatment for Autism, ADD/ADHD, Dyslexia, Dyspraxia, Depression, Schizophrenia*），Medinform出版。

沙米・堤密（Sami Timimi），二〇〇五。《淘氣的男孩》（*Naughty Boys: Anti-social Behaviour, ADHD and the Role of Culture*），Palgrave Macmillan出版社。

治療師

療癒機構

UKRF——靈氣老師與治療師的職業協會：www.reikifed.co.uk

肌肉動力學聯盟（Kinesiology Federation）——肌肉測試（適用於過敏）執行師：www.kinesiologyfederation.co.uk

巴赫中心（Bach Centre）——巴赫花精治療師的職業名冊：www.bachcentre.com

國際芳療師聯盟（IFPA）——芳療師職業協會：www.ifparoma.org

治療師

莉茲・貝爾（Liz Bell），水晶治療：lizrbell@talktalk.net

琳西・丹儂（Linsey Denham），兒童巴赫花精療法：www.bachflowerconsultsonline.com

若申・馬丁斯（Roushan Martens），EFT情緒釋放：http://www.sulastherapies.co.uk

阿格妮・T・馬克勞斯基（Agnes T. McClausky），色彩治療：www.colourenergytherapies.co.uk

蘿倫・莫瑞（Lorraine Murray），靈氣治療師：www.ilovefgt.com

迪・泰勒（Dee Taylor）：自閉症（成人），芳療、靈氣治療：www.deetaylortherapies.co.uk

依蘭諾・泰勒（Eleanor Taylor），運動治療（肌肉測試）：www.eleanortaylortherapies.co.uk

安・楊（Anne Young），兒童與芳香療法：www.scents-of-wellbeing.co.uk

其他相關網站

免費的曼陀羅：

http://yogainmyschool.com/2009/12/23/mandala-magic-teaching-kids-about-meditation

http://www.mandala-4u.com/en/start.html

手印：www.eclecticenergies.com/mudras/introduction.php

傑克愛畫畫——一個孩子怎麼改變世界（Jack draws anything – how a child can make a difference）：www.jackdrawsanything.com

愛萌計畫：www.autismtreatmentcenter.org

兒童瑜伽：www.yogainmyschool.com/category/kids

孩子想像的力量：www.imageryforkids.com

情緒智能（Emotional intelligence）：www.theiamprogram.com

用一種「活在當下」的方式，
建構你與孩子之間的內在連結。